榜样 | **影响时代的力量**

每一个时代
值得我们追随的
条坚实的路径；
的航标。

U0674138

王志艳⊙编著

告诉你一个
比尔·盖茨 的故事

天津出版传媒集团

天津人民出版社

图书在版编目（CIP）数据

告诉你一个比尔·盖茨的故事 / 王志艳编著 . —— 天
津 : 天津人民出版社 , 2013.1（2018.10 重印）
（巅峰阅读文库 . 榜样 : 影响时代的力量）
ISBN 978-7-201-07858-8

Ⅰ . ①告… Ⅱ . ①王… Ⅲ . ①盖茨，B. —生平事迹—
通俗读物 Ⅳ . ① K837.125.38-49

中国版本图书馆 CIP 数据核字 (2012) 第 303255 号

告诉你一个比尔·盖茨的故事
GAOSU NI YIGE BIERGAICI DE GUSHI

出　　版	天津人民出版社
出 版 人	黄　沛
地　　址	天津市和平区西康路 35 号康岳大厦
邮政编码	300051
邮购电话	（022）23332469
网　　址	http://www.tjrmcbs.com
电子信箱	tjrmcbs@126.com

责任编辑	李　荣
装帧设计	映象视觉

制版印刷	永清县晔盛亚胶印有限公司
经　　销	新华书店
开　　本	690×960 毫米　1/16
印　　张	10
字　　数	100 千字
版次印次	2013 年 1 月第 1 版　2018 年 10 月第 3 次印刷
定　　价	29.80 元

前 言

历史发展的每一个阶段，都有值得我们追随、激励我们奋进的榜样。他们或以其深邃的思想推动了世界文明的进步，或以其叱咤风云的政治生涯影响了历史的进程，或以其在自然科学领域中的巨大成就造福于人类……

因为有了他们，历史的车轮才会不断前行；因为有了他们，历史的内容才会愈加精彩。他们已经成为历史长河的坐标，引领着我们走向更加深邃的精神世界和更加精彩的物质世界。今天，当我们站在一个新的纪元回眸过去的时候，我们不能不提起他们的名字，因为是他们改变了世界，改变了人类社会的发展格局。了解他们的生平、经历、思想、智慧以及他们的人格魅力，也必然会对我们的人生产生重大的影响。

为了能够了解并记住这些为人类历史发展作出过巨大贡献的人物，经过长时间的遴选，我们精选出60位最具时代性、最具影响力、最具代表性的人物，编写成这套《榜样：影响时代的力量》丛书，期望通过这套青少年乐于、易于接受的传记体裁的丛书，对青少年读者的成长产生潜移默化的影响，使他们能够从中汲取有益的精神元素，立志成才，为祖国、为人类作出自己的贡献。

本套丛书写作角度新颖，它不是简单地堆砌有关名人的材料，而是精选了他们人生中富有代表性的事件和故事，以点带面，从而折射出他们充满传奇的人生经历和各具特点的鲜明个性。通过阅读本套丛书，我们不仅要了解他们的生活经历，更要了解他们的奋斗历程，以及学习他们在面对困难、失败和挫折时所表现出来的杰出品质。

此外，书中还穿插了许多与这些著名人物相关的小知识、小故事等。这些内容语言简洁，可读性强，既能开阔青少年的阅读视野，又可作为青少年读者学习中的课外积累和写作素材。

我们相信，这是一套能令青少年读者喜爱的传记丛书。通过阅读本套丛书，我们也能够真切地了解到这些伟大人物对一个、乃至几个时代所产生的重大影响。

现在，就让我们一起翻开这些杰出人士的人生故事，走进他们生活的时代，洞悉他们的内心世界，与这些先贤们"促膝谈心"，让他们帮助我们洞察人生，鼓舞我们磨炼心志，激励我们永远奋进，走向成功！

导　言

比尔·盖茨（1955—），原名威廉·亨利·盖茨。美国著名企业家，软件工程师，慈善家，微软公司前董事长。他与保罗·艾伦一起创建了微软公司，曾任微软CEO和首席软件设计师。1995—2007年《福布斯》全球亿万富翁排行榜中，比尔·盖茨曾连续13年蝉联世界首富。2008年离开微软公司，将自己的580亿美元个人财产尽数捐到"比尔与梅琳达·盖茨基金会"，此后一直从事慈善事业。

中国有句老话：大凡成功之人，必有过人之处。比尔·盖茨便适用于这句话。他的大名为全世界80%的人所熟知，因为他那可堪传奇的个人经历以及他令人艳羡的个人财富：

13岁开始接触电脑编程，17岁创立第一家公司，20岁辍学哈佛创立微软，31岁成为亿万富翁，39岁荣登福布斯榜首位置……在这些经历中，我们隐约看到了一个现代美国梦的化身，一个能紧跟时代步伐从而创造个人辉煌的巨星。

任何成功绝非偶然，尽管比尔·盖茨曾十分谦虚地说："如果没有我，也会有一个别的什么人在那个位置上。"而那个"我"或者"别人"必须具备一些先天因素。否则，即使机遇摆在面前也无从知晓，更别说是创造举世瞩目的成就了。

1955年，比尔·盖茨出生于美国西北部最大海岸城市西雅图的一个富裕的中产阶级家庭，父亲老威廉·亨利·盖茨是当地的著名律师，为人严谨、讲求效率；母亲玛丽·盖茨出身于银行世家，也曾在当地任职教师，为人和善、性格开朗。

幼年时期的比尔·盖茨深受父母的影响，博闻强记、志向远大。此外，他那热衷于各种猜谜游戏的外婆也对盖茨影响至深。每当小盖茨想不出答案时，外婆总在旁边鼓励他："使劲想，使劲想。"这让比尔·盖茨体会到了猜谜的无穷快乐。小小年纪，他便喜欢参与到各种竞争之中，并乐于在各种竞争中取胜。

12岁时，比尔·盖茨进入湖滨中学就读，这所学校也成为他人生的转折点。这里学风开明，提倡因材施教，让喜欢数学的比尔·盖茨如鱼得水。最重要的是，他在学校里第一次见到了计算机，并立即迷上了这个体格庞大的家伙。在湖滨中学的另一个收获，就是认识了保罗·艾伦——这个日后跟他一起创业的小伙伴。两个少年因为计算机而结下了深厚的友谊，并凭着对计算机的喜爱和痴迷开始了电脑程式设计之路。

1973年，18岁的比尔·盖茨升入世界名校哈佛大学。两年后，他主动退学，与保罗·艾伦创立微软公司，从此开启了人生的全新时代。经过多年努力，比尔·盖茨关于计算机的梦想也最终变为现实：让每个人的桌子上都摆着一台计算机，每台计算机所用的软件都是微软公司所设计的。

2008年6月27日，53岁的比尔·盖茨正式退休，他将自己开创的公司交给昔日的同窗好友斯蒂夫·鲍尔默打理。但是，比尔并没有像很多人所设想的那样安享晚年，而是转投慈善，在另一个更为广大的领域里继续为人类服务。

比尔·盖茨和妻子梅琳达·盖茨捐赠了580亿美元的个人财产建立了"比尔及梅琳达·盖茨基金会"，只将个人财产的2%留给子女。他的几乎所有家当也都用以支持在全球医疗健康和教育领域的慈善事业。因为比尔·盖茨认为："带着巨额财富死去是一种耻辱。"他要物尽其用，服务更多的人。

尽管如今的比尔·盖茨已年近花甲，但他仍然精力充沛地奔波于世界各地。他还有一个梦想："希望能够平等地对待生命，人们消除偏见，让世界变得更加公平。"这又是一个宏大的梦想，比尔·盖茨也不知道多久能实现。但是，正如多年前那个一脸稚嫩的小男孩一样，比尔·盖茨再次用他的微笑表露着他的自信。

本书从比尔·盖茨的儿时生活开始写起，一直追溯到他所创立的伟大业绩及所取得的辉煌成就，再现了这位IT业奇才从出生到退休的传奇故事，旨在让广大青少年了解这位创造IT神话的巨人所拥有的天赋才华和独特魅力，学习他那种勤奋、坚定，为实现自己的理想而不懈奋斗的品质，以及为帮助全人类而奉献自己的光与热的崇高精神。

告诉你一个比尔·盖茨的故事 / 目录

contents

William Henry Gates

Contents

目　录

1955—

第一章　西雅图的少年天才

除非你能够让人们看到或者感受到行动的影响力，否则你无法让人们激动。

——比尔·盖茨

（一）

西雅图是美国西北海岸最大的城市，这里给人的第一印象就是优雅。这个山水相伴的城市同时也是高科技的代名词，微软和波音两大公司都在此发祥。虽然地处西部，但西雅图却有着东部城市的文化气息。尽管城市不大，但却充满活力。

正是这座城市，孕育了微软之父——比尔·盖茨。当世界上第一台电子数字计算机问世的第九个年头，一个将改变计算机产业的巨人诞生了。

1955年10月28日晚上刚过9点，随着一声清脆的啼哭，一个男婴降生在西雅图市的"瑞典人医院"中。这个小男孩，就是日后享誉全球的世界首富比尔·盖茨。

威廉·亨利·盖茨兴奋地迎接着自己的第三个孩子。在这个男婴之前，威廉·亨利·盖茨与妻子玛丽·马克斯韦尔还生育了两个女儿。老盖茨寄希望于家族荣誉的延续，便给孩子起了一个同自己一样的名字。后来，父母还给这个孩子一个"老三"的爱称。

世上诸事的发展都充满了偶然性。威廉·亨利·盖茨这个大名没有广泛流传，而全家人跟着外婆一起称呼的小名"比尔"却广泛传播开来。以至于多年之后，无论是充满崇拜的人们，还是充满嫉妒和怨恨的竞争对手，一提到这位电脑天才时，都称他为比尔·盖茨。

盖茨家族的血脉无疑是优秀的，否则不会孕育出这样天赋异禀的孩童。我们不能否认，先天和后天的因素可以为一个人的成功奠定不可磨灭的基础。因此，要想了解比尔·盖茨的成长之路，我们就无法绕开这个家族的先辈。只有看清他的祖先的来时路，方能明白比尔·盖茨的成功绝非偶然。

19世纪80年代，一个名叫威廉·亨利·盖茨的年轻人来到西雅图，他是比尔·盖茨的曾祖父。同当时的很多年轻人一样，他也怀揣着发家致富的梦想来到这片新兴之地。他是个勤劳而精明的人，在这片未开垦的处女地做起了小本生意。然而不幸的是，当生意刚刚有点起色，祸事就来了——1889年，一场意外的大火让他多年的积蓄都付之一炬。

做生意都是有赔有赚的，重要的是那份不甘的决心。沉寂了几年之后，威廉决定卷土重来。此时他已有妻儿，因此举家迁至阿拉斯加。

这里是个"淘金圣地"，聚集了全国各地打算一夜暴富的人们。但是，威廉并没有想过要一夜暴富，而是想利用当地的富庶来做家具生意。从这一点可以看出，威廉是个脚踏实地、认清现实的人。后来，他的家具生意做得很不错，并在当地建立起了自己的信誉。

然而不久，打击又来了。1914年，第一次世界大战爆发。尽管美国并没有参战，但还是人心惶惶，不少人离开了阿拉斯加，转到内地避难。

眼看家具店的生意越来越差，威廉·盖茨只得以低价将店转让出去，全家又跟着他辗转来到远离战争纷扰的小城布雷默顿。

经过短暂的整顿，威廉又拉来了多年的好友，他们凑钱成立了一家二手家具公司——美国家具公司。经过威廉的精心打理，生意也开始好转，并且越来越好，辛苦半生的威廉终于有了一份家业。

转眼数年，年近半百的威廉将生意交给了儿子威尔·盖茨。威尔·盖茨也继承了父亲的精明与坚毅，不仅善于经商，而且交际颇广，在当地建立了良好的声望，家具店的生意也日渐红火，甚至越做越大。

多年之后，盖茨家族迎来了第三代——威廉·亨利·盖茨出生了，他就是比尔·盖茨的父亲。那时，盖茨家族在当地已经颇有影响力了。奋斗和自由的理念深深地印刻在盖茨家族的每一位继任者身上。

威廉·亨利·盖茨因为不善言谈，并没有继承家族事业，而是另辟蹊径，选择了自己喜爱的律师行业。他喜爱运动，又性格严谨，加之身材魁梧，长相英俊，很快就赢得了当地著名银行家的千金玛丽·马克斯韦尔小姐的青睐。

（二）

威廉·亨利·盖茨与玛丽·马克斯韦尔小姐是在华盛顿大学法律系读书的时候相识的。玛丽活泼开朗、善于交际，两颗年轻的心相互吸引，很快便坠入了爱河。

玛丽出身显赫，她的祖父曾担任过华盛顿州南本德市的市长和州议会议员，还创建了美国城市银行，在金融界拥有着极高的声望。她的父亲詹姆斯·威拉德·马克斯韦尔是美国九大银行之一——太平洋国民银行的副总裁。玛丽则继承了母亲热爱运动、活泼机灵的个性。虽然祖父给儿女们留下了大笔财富，但玛丽仍然遵循家里的传统，一直都过着简朴的生活，崇尚良好的教育。

1951年，亨利和玛丽组建了自己的小家庭，并一起来到风景宜人的西雅图定居。在这里，亨利的事业稳定，生活顺遂，并缔造了爱情的结晶。

当第三个孩子小比尔·盖茨出生后，玛丽就辞掉工作，全身心地在家中照顾孩子。不过，她对社会工作依然怀有极大的兴趣，过了些日子，她作为社区服务人员，去西雅图历史和发展博物馆做义务讲解员，经常到地方学校为学生们讲解本地的文化和历史。同在教育界一样，她在社交界也享有极高的声誉。

亨利夫妇按照自己的设想，为儿子提供了宽松的教育环境。看着小比尔·盖茨翘起的小嘴，玛丽有时候会快乐地想：多年后，另一个著名的律师即将在法庭上雄辩，他就是自己可爱的儿子。

应该说，从孩童时代开始，比尔·盖茨就生活在一个富有文化气息的环境中。在他三四岁时，玛丽去为学生讲课时，就总是把他带在身边。当时，玛丽在学校里讲本地历史和文化，小小的比尔·盖茨就坐在前面的桌子旁，两眼紧紧盯着母亲，聚精会神地听着。

比尔·盖茨度过童年时代的西雅图是整个地区的中心，有着生机勃勃的港口、欣欣向荣的航空航天工业。西雅图的波音公司是面向世界的喷气式飞机制造商，但最先显露这个勤奋、质朴城市的不凡之处的，是以"21世纪"为主题的1962年的世界博览会。

它的标志是高耸的偶极天线和它独创的旋转餐厅，焦点是21世纪的高科技。在比尔·盖茨6岁时，他就去过了那里的每一个展馆，每一个地方、每一件展品都让他流连忘返。

他喜欢各种各样奇奇怪怪的动植物标本，还喜欢对着历史图片发呆。在听母亲讲述一个个神奇的故事时，他那双亮亮的大眼睛总是聚精会神地盯着母亲的嘴唇，简直听得入了迷。

西雅图的本地历史和文化就这样潜移默化地深深植根于小比尔·盖茨的心里，他对西雅图的一切都充满了兴趣。看到孩子强烈的好奇心，玛丽觉得充满了成就感。

除了去博物馆，小比尔·盖茨最爱去的地方就是父亲的书房。无疑，他继承了父亲爱思考的特质，而且喜欢阅读各类图书。到了8岁时，他发现家里有一部图文并茂的《世界百科全书》，讲的都是现实世界中各种各样的事情。每天，小盖茨都趴在厚厚的书本上津津有味地读着，有时候甚至忘记了与小伙伴的约定。

比尔·盖茨童年时期最好的玩伴是爱德蒙。他常常来找小盖茨玩儿，但总是等很久也不见盖茨出来，只得跑到盖茨爸爸的书房里去找他。

"嗨，你做什么呢？"

比尔·盖茨抬起眼睛看着爱德蒙，说道：

"这本书真好看啊！你知道毛毛虫怎么变成蝴蝶的吗？你知道无毒蛇有多少种吗？这里头都有……"

"是吗？"爱德蒙也忘记了他是过来干什么的，马上兴致勃勃地跟小比尔·盖茨一起看了起来。

差不多一个多小时过去了，爱德蒙才想起要找比尔·盖茨一起去滑雪的事。

"这么厚一大本书，你什么时候能看完啊？"

小盖茨合上书，站起来伸了个懒腰，又踢了踢腿，说：

"总能看完吧？我长大了，会看得更快。"

说着，两个小家伙便蹦蹦跳跳地跑出去玩了。

（三）

这些"大人书"给比尔·盖茨带来了一个全新的世界。那里有一个丰富的世界，这个世界跟书房那一面巨大的书柜密不可分，而这个世界却不是其他四五岁的孩子所普遍喜欢的。爱德蒙也不得不承认，那个时候，他更喜欢读有趣的童话故事和被连环画书所吸引。对于比尔·盖茨读的那些文字书，他觉得非常吃力，也不太感兴趣。

但显然比尔·盖茨不那么认为。在小小的盖茨看来，这本《世界百科全书》简直让他爱不释手。而母亲玛丽也发现，小盖茨呆在书房里的时间越来越多。如果小盖茨不在花园和客厅里，那么他一定就在父亲的书房里，抱着几乎占据自己体重三分之一的百科全书，一字一句认真仔细地阅读着，连他喜欢坐的木马也玩得少了。

小盖茨这么爱读书，跟家庭里的聚会不无关系。盖茨家族有个传统，就是每天晚饭后全家人都会聚在一起谈论发生在自己身边的事，各种有趣而好玩的事都可以讲。因为小盖茨年龄最小，知道的也最少，他总是觉得姐姐比他讲的事情好玩多了。为了超过姐姐，他才开始读书。

后来，在全家的聚会中，盖茨便能绘声绘色地讲书里的各种奇闻轶事：鳄鱼为什么流眼泪？向日葵为什么向着太阳转？富兰克林又是谁？……

看到自己的爱好后继有人，亨利·盖茨十分高兴，他甚至在儿子生日时又送了一套全新的《百科全书》给他，作为小盖茨勤奋阅读的奖赏。

得到鼓励的小比尔·盖茨更加热爱读书，而在书中，他也渐渐迷上了一些伟大的人物：富兰克林、罗斯福、拿破仑、爱迪生……这些大人物悄悄进入了小比尔·盖茨的内心世界。小小的年纪，他就开始思考要成长为一个了不起的人。

除了读书，小盖茨还有喜欢与人辩论的习惯，这也是在全家晚餐讨论会上形成的。那些有趣的话题使得全家人能够平等地坐在一起，不分年龄、长幼，各抒己见。比尔·盖茨至今也很喜欢这种交流方式，这个习惯也影响了他的一生，甚至他的竞争对手一直认为他是个好斗而要强的人。因为在谈判桌上，他的雄辩也是出了名的。

除了晚餐讨论，盖茨家族还十分注重对孩子智力的培养。比尔·盖茨的外婆艾德莱思维敏捷，对他产生过重要的影响。她常给孩子们念书听，这也让比尔·盖茨成为了一个兴趣广泛、废寝忘食的读者。

在外婆的倡导下，孩子们经常玩各种各样的益智游戏，跳棋、筹码、桥牌、拼图比赛等，大家都乐此不疲。小比尔·盖茨头脑灵活，又十分聪明，虽然年纪小，却有很强的好胜心。每到他想不出来的时候，外婆就鼓励他：

"使劲儿想！使劲儿想！"

这样的鼓励让小盖茨劲头十足，他也因此有了一股不达目的不罢休的劲儿。有时候玩不过别人，他就反复研究，反复练习，直到赢过别人为止。这种执著而倔强的性格日后影响了他的一生。

除了看书玩游戏之外，比尔·盖茨还会有一些稀奇古怪的小发明，比如会将房间里的垃圾筒等组合成运动道具，每天在上边跳来跳去。那时候，小盖茨十分热衷于这个游戏，使得房间里总是传来"咚咚"的声音。不过，母亲玛丽和父亲老盖茨都没有阻止小盖茨这种看似不礼貌的举动，反而鼓励孩子多动脑筋。

但小比尔·盖茨也有个坏习惯，让母亲玛丽始终无计可施，那就是爱摇晃。这个习惯源于他小时候喜欢的木马，因为他总是喜欢跟着木马的节奏晃来晃去。即使年龄大一些，不能坐木马了，他还是改不了这个毛病。尤其是当他兴奋或思考时，他就会不停地摇晃着自己的身体。尽管他已经上三年级了，但还是一直无法克服这个毛病。玛丽看到孩子板住摇晃露出的痛苦表情之后，再也不忍心了，索性让孩子自由发展。

1963年时，8岁的比尔·盖茨进入西雅图奇景小学读书。由于他的生日是10月28日，所以等于是提早入学，这也让他成为班上年纪最小的孩子。

（四）

在上学后，比尔·盖茨身上的那种不惧权威、乐于挑战的性格表现得尤为突出。比如，他在上课时非常喜欢提问，有时老师都会被他问得哑口无言；对待老师布置的作业，盖茨也只是按时完成而已，他更喜欢去试着做那些没有学过的习题。而且，他那摇晃的毛病也表现得更加明显。

不久，班里新来了一位班主任。她对盖茨的表现以及摇晃的习惯很不满，甚至认为盖茨太调皮，是故意捣乱，认为这个孩子过于散漫。因此，她找到了盖茨的父母。

玛丽和老盖茨感觉到了问题的严重性。他们十分担心地来到学校，听取了班主任老师的意见之后，甚至考虑让小比尔·盖茨降级，等孩子慢慢改掉一些不好的习惯后，好跟上大家的步伐。

为此，他们找到校长商量让盖茨降级的事。而在校长办公室，他们碰巧遇到了盖茨的另一位老师卡尔森小姐。

卡尔森小姐在听取了盖茨父母的意见后，不赞同盖茨父母的建议。从事过特殊教育的卡尔森小姐看出了比尔·盖茨身上不凡的特质。她说：

"表面上看起来他似乎很散漫，精神不集中，但是，他的计算和阅读能力高出同年龄的孩子太多了！这孩子太与众不同了！而天才的孩子往往都是特别的，我觉着摇晃对他来说只是个小问题而已。"

卡尔森小姐之所以能得出这样的结论，在于小盖茨在课堂上的与众不同。卡尔森是小盖茨班级的新任生物老师。为了了解同学们的自学能力，在一次课上，卡尔森小姐要求班上的所有同学阅读一篇有关人体器官的文章。这篇文章很长，大概有14页左右。当别的孩子还在埋头苦读的时候，小盖茨已经合上书本，在椅子上摇晃起来了。

卡尔森小姐很惊讶，她问小盖茨：这些文章他是否都看完了？小盖茨回答得十分肯定。卡尔森小姐有些怀疑，她让小盖茨讲讲他在书中都看到了些什么？小盖茨有条不紊地讲了起来：

"这些器官包括：眼睛，让我们看东西；鼻子，让我们呼吸；嘴巴，让我们说话，还有吃东西……而大脑是最重要的器官，它让我们想事情。如果有一天，我的大脑坏了，需要换一个新的，我一定要换一个聪明的。"

结尾的话让同学们哄堂大笑，卡尔森小姐也跟着笑了。她知道，这是一个十分聪明的孩子。

课后，卡尔森小姐给同学们布置了一篇关于人体特殊作用的作文，要求写四五页的内容。当小盖茨把自己写好的作文交到卡尔森小姐手上时，卡尔森再一次感到惊讶：那洋洋洒洒三十多页作文的内容详实而准确。

卡尔森小姐当然不知道，小盖茨早就系统地读完百科全书了，这些东西对他来说简直是易如反掌。

在卡尔森小姐的建议下，老师和家长一致认为：比尔·盖茨不用留级，继续学习小学四年级的课程。

一年之后，小盖茨平稳地升上了五年级。这时，他又做出了一个惊人之举。这一举动而今说起来，比尔·盖茨依然充满了自豪感。

当地有一位德高望重的牧师名叫戴尔·泰勒，他定期向社区学校的孩子们讲授《圣经》。因为《圣经》的说理部分有些枯燥，牧师怕孩子们提不起兴致，就设法想到了一个激励办法。

这天，牧师在课堂上宣布，如果谁能准确无误地背诵《马太福音》中的"登山宝训"，他就邀请那个孩子去西雅图的"太空针"高塔餐厅参加免费的聚餐会。

这无疑具有非常大的吸引力。"太空针"的高塔餐厅是西雅图最高、最华丽的建筑。那里极尽奢华，又常有名人光顾，是很多人梦寐以求的地方，这些小不点儿们自然也不例外。但是，这却是一个艰巨的任务。

《圣经》里面有许多有趣的故事，但"登山宝训"并不在其列。它又被称为"天国的宪章"，是主耶稣诸多教训里面最为精华、精辟、深奥的部分。它的全部内容有几万字，而且艰涩难懂，不易背诵。因此，面对如此大的挑战，尽管具大的诱惑在前，很多孩子还是望而却步。因为它实在太难了，就连大人都难以理解，何况是十来岁的孩子。

但是，喜欢挑战极限的小比尔·盖茨却没有放过这次机会。几天后，当牧师面对全班同学问谁能够背下来时，这个11岁的小男孩胸有成竹地站到泰勒牧师的面前，然后从头到尾、一字不漏地背诵下了"登山宝训"的全文。

泰勒牧师惊叹不已，他好奇地问比尔·盖茨：

"你为什么能背下这么长的文字呢？"

小盖茨不假思索地回答道：

"因为我竭尽全力。"

"竭尽全力"这四个字让泰勒牧师十分感动。20多年后，他在回忆起当时的情景时依然记忆犹新：

"当那天到了他家，我才知道他具有一种特殊的才能，他是一个与众不同的孩子。我无法想象一个十来岁的小毛孩，何以会有如此惊人的天赋。在他背诵完《圣经》后，我接连又问了这个孩子好几个问题，但他都能对答如流，而且所答内容都令人折服。我不得不承认，这孩子对《圣经》有着极为深刻并且独到的见解。"

11岁，当别的孩子还在父母身边撒娇，懵懵懂懂地学习如何与同学相处时，比尔·盖茨已经开始与父母一起探讨生命的本质、商业运营等成人世界的问题。他充分地知道自己想成为一个怎样的人，他也拥有着超出同龄人的勇气。他喜欢接受挑战，而且有勇气去完成艰巨的事情。

第二章　入读湖滨中学

这个世界并不会在意你的自尊，而是要求你在自我感觉良好之前先有所成就。

——比尔·盖茨

（一）

聪明的孩子多半是早熟的，小盖茨也不例外。虽然只有11岁，他已经表现出与年龄不相符的成熟。比起与同龄的小朋友们出去玩，他更喜欢和父母探讨那些诸如国际关系、商业和生命本源等深层次的问题。这也是为什么他对《圣经》有着超出年龄的理解，并能准确无误地背诵出"登山宝训"的原因。可以说，比尔·盖茨有着强烈的自我意识，而他的叛逆期也因此而提前来临。

玛丽是个很喜欢社交的人，因此她也希望孩子们能够穿着得体，守时重信，热情好客。比尔·盖茨的两个姐姐都比较乖巧，也没有让父母操什么心。但是，比尔·盖茨却十分不喜欢被管教。虽然父母想尽办法让他接触人群，甚至想办法让他在父亲的专业会议上充当服务生，就是希望他不要过度沉迷于书本，变成一个不通世事的书呆子。

比尔·盖茨也明白父母的良苦用心，因此在多数情况下，小盖茨都会遵从父母的安排。但有些事他却不以为然，比如母亲要求他每天保持房间的干净、不要咬铅笔、不能穿皱巴巴的衣服等。

母亲的这些管教让盖茨很反感。每天母亲要求他不准这样、不准那样，小盖茨就会感到很压抑，甚至表现出越来越多的烦躁。他不喜欢这样被控制。就因为这些小事，他甚至与母亲发生了激烈地争吵。但是，全家人仍然给他以最大的容忍，直到有一次，全家人围在餐桌上吃饭，玛丽看到小盖茨又衣衫不整地走出来，就唠叨了几句：

"老三，你该换件衣服了!"

比尔·盖茨心不在焉地说：

"没关系，妈妈。"

可玛丽觉着他穿成这样就去上学实在不像话，就又耐心地劝阻道：

"亲爱的，你还是去换了再去上课吧!"

比尔·盖茨立即变得不耐烦起来，他大声地冲母亲嚷嚷起来：

"我知道了，你别再啰嗦了!"

一向好脾气的父亲看儿子这样冲撞母亲，非常生气，一怒之下从桌子上端起一杯水，朝着比尔·盖茨的脸上泼去。

小盖茨被吓住了，他从来没有被父亲这样责罚过。母亲玛丽也惊住了，急忙拉住老盖茨。

小比尔·盖茨见状，抹了抹脸，抓起一个面包就冲了出去。

事后，玛丽埋怨丈夫太莽撞了，老盖茨只是笑着说：

"没关系，他只是缺少人管。我看，我们是要和他谈谈了。"

在玛丽的劝说下，父亲找到儿子，和他谈起了作为儿子应该尊重母亲的事；同时，老盖茨也为自己的莽撞向小盖茨道歉。

比尔·盖茨也早就认识到自己的错误了，因此他主动找到母亲解释原因，也道了歉。这场家庭风波终于在"谈判"中结束了。

为了避免这种事情再次发生，老盖茨和玛丽还特意带着儿子找到了心理医生。面对心理医生，满脸雀斑的小比尔·盖茨对心理医生说：自己只是要赢得这场"独立战争"的胜利。

面对这个异常叛逆的男孩，心理医生对老盖茨夫妇说，他们最好能够减少对他生活的干涉，让他赢得"这场战争"的胜利。

成年后，比尔·盖茨十分感谢父亲的这次严厉。他说：正是这次父亲对自己的严厉教训，才让他没有成长为一个暴戾乖张的人。

（二）

到11岁时，比尔·盖茨的数学和自然科学知识已在同龄人中遥遥领先了，原来的学校显然不能满足他那强烈的求知欲。他迫切地需要一所新的学校以适应他的智力发展。

盖茨夫妇也意识到，他们必须为孩子找一所新的学校。经过仔细商量，他们最终选择了湖滨中学。

湖滨中学是西雅图数一数二的贵族学校，并且专收男生。这里学风浓厚，教学严谨，思想开放，能够彰显学生的个性和才华，因此，这所学校也被称为"天才的摇篮"。

对比尔·盖茨来说，湖滨中学简直就是上帝的恩赐——那里是盖茨的天才真正得以发芽、茁壮成长的摇篮。正因为有过像比尔·盖茨这样的学生，湖滨中学也注定要闻名全美国，乃至风靡世界。现在，湖滨中学已成为美国最有名的中学之一。

正是在这所学校中，比尔·盖茨那连父母也万万没有料到的智慧火花和天才创造力被激发出来。这个时期的经历就像一个伟大的熔炉，既铸造了比尔·盖茨未来的性格，也锤炼了他理智的素质。

正是在这里，比尔·盖茨身上禀赋的一切——精力、热情、理智、坚韧、进取心、执著、竞争精神、渴求、经商才能、企业家风范和运气等等，得到了有效的提炼和融会。也正是在这里，他做成了他的第一笔商业交易——创办了第一家赢利的公司。他和湖滨中学那一伙与他一样的计算机天才小子们结下了深厚的友谊。正是这些人，率先加入了他所缔造的微软帝国。

母亲玛丽渴望比尔·盖茨能够养成好的学习习惯，在生活中有纪律的约束，而不是成天坐在一边独自思考。当然，母亲还希望他在学校里能有某种良好的记录，以便日后能够上他自己想读的任何大学。而父亲老盖茨则认为，盖茨还太不成熟，小环境对他来说会有所帮助。

因此，他们最后决定送比尔·盖茨到湖滨中学就读，然后让其渐渐步入母亲和姐姐的后尘，进入路斯威尔特中学——西雅图优秀的公立中等学校之一就读。

即将转学的小盖茨心情十分激动。听说湖滨中学有很多聪明的尖子生，这可以让他不服输的个性和喜欢与聪明人打交道的癖好都能够得到满足。但是，此时的盖茨还不知道自己的人生轨迹会因为这次转学而发生改变。在这里，他即将遇到自己为之奋斗一生的事业，还有与他共创事业的伙伴。

湖滨中学分为两个学部：低学部和高学部。低学部包括七年级和八年级的学生，高学部包括九至十二年级的学生。盖茨的生日是10月28日，刚好在入学前两天过了12岁生日，恰好压在湖滨中学的入学年龄底线上。

11月1日，比尔·盖茨兴冲冲地来到新学校。这里的一切都让他感到新奇，而老师再也不会因为他的摇晃而责怪他了。

很快，盖茨就结识了新朋友，一个名叫肯特·伊文斯的漂亮男孩。因为伊文斯也热爱数学，并且和比尔·盖茨一样聪明。加上肯特·伊文斯活泼好动，说话有趣，比尔·盖茨和他很谈得来。好多共同点让两个小男孩几乎整天黏在一起，一起进行各种数学演算，或者比赛谁解题最快，这类游戏总是让比尔·盖茨乐此不疲。

比尔·盖茨的数学成绩优异在学校是出了名的。在入学的数学考试中，他就一举夺得了冠军，这也让学校的很多同学和老师都认识了这个

"长着一双大脚"的小男孩。盖茨虽然刚刚12岁，个子也又矮又瘦，可他穿的鞋子却又长又大。他的一个同学后来还曾经这样回忆说：

"我们大伙儿都弄不清楚是否只是他的脚在长。"

中学课本里边的那些内容很快就无法满足盖茨的求知欲了。为了学到更多的知识，他买来了华盛顿州立大学的数学课程自学。

对数学的痴迷使盖茨将绝大多数的时间和精力都花在数学上。他总是喜爱自我挑战，花最少的时间算出最复杂的数学题尤其让他兴奋。因此，他花在其他科目上的时间越来越少。这样不均衡的发展，最终导致他出现了轻微的偏科。

比尔·盖茨也知道这点不好，他也希望自己所有的考试都得"A"。以前在家的时候，母亲为了提高他对"A"的认识，甚至采用各种激励机制鼓励大家多得"A"。而两个姐姐总是努力迎接每一次考试，因为小盖茨不是全力以赴学习，他总是那个得"A"最少的孩子。

尽管如此，他仍然不想将所有时间都用在考试得"A"这件事上，他只喜欢数学，所以他还是将更多的时间花在数学上。多年以后，湖滨中学的数学系主任弗雷福·赖特对这个学生仍然赞赏有加：

"他能用一种最简单的方法，来解决某个代数或计算机问题。他可以用数学的方法来找到一条处理问题的捷径。我教了这么多年的书，他甚至可以同与我工作过多年的那些优秀数学家相媲美。"

（三）

如果没有计算机的介入，比尔·盖茨的数学之路可能会走得更长，他也可能会像自己当初所设想的一样，成为一个不凡的数学家。但人生并没有如果，一个未知的新领域正在敞开怀抱，迎接这个12岁的天才少年的到来。

1968年10月11日，美国成功发射了"阿波罗7号"宇宙飞船，并首次进行了载人绕月飞行试验。此时，美国的科技领先世界，政府正致力于庞大的探月计划，国内也处于追求新科技的狂热浪潮中。当盖茨在湖滨中学的第一年临近结束时，学校做出了一个对比尔·盖茨的未来具有重大意义的决定——让学生们去涉足这个崭新和令人兴奋的计算机世界。这一明智之举对比尔·盖茨的未来无疑产生了巨大的影响。

后来，比尔·盖茨在评论学校的这一措施时说：

"还在60年代末的西雅图，就让学生使用电脑，这在当时是一种令人惊讶的做法。对此，我将永远对学校怀着感激之情。"

盖茨的感激绝不是一种客套，他确实是学校这个决定的最大受益者。

在盖茨八年级的学期末返回学校时，他就见到了一个奇怪的大家伙。它杵在麦克阿利斯特厅前门附近的一个小办公室里。这是学校利用家长会的3000美元购买的一个计算机终端设备———台ASR—33电传打字机，它还连带一个键盘和一大卷黄色纸。

这个生产噪音的大家伙是衰落中的机器时代和迅速兴起的信息时代的结合物：键盘、打印机、纸带穿孔器和阅读器一应俱全，甚至还有一个调制解调器。这使得它既能打字，还能与外界相联系。

虽然如今看来这台机器是既笨拙又不太实用的，但在当时这可是赶时髦的东西，因为其他学校还没有这样先进的机器。即使有，也是必须依靠人工计算机卡片才能运转。好奇心正盛的比尔·盖茨和他的小伙伴们迅速迷上了这个大家伙，计算机严整的逻辑和神奇的计算能力更让比尔·盖茨像着了魔一样，被深深地吸引住了。

这台机器就像是一个强大的磁场，吸引着具有同样爱好的孩子们。虽然起初他们都不知道该怎样操作这个机器，甚至不知晓这是什么东西。但他们动手学习的能力很强，最终掌握的比接触它的教师和其他成年人都要多得多。

常常来计算机房的孩子们也渐渐熟识，并且形成了一个小团体。在这个小团体中，有一个名叫保罗·艾伦的柔声细气的大个子，他和比尔·盖茨很快就成了好朋友。

与比尔·盖茨相比，保罗的性格更惹人喜爱。他是个很漂亮、很有风度的大男孩，而且见多识广，思维活跃，总是能把复杂的问题用言简意赅的话表达出来。因此，比尔·盖茨很喜欢与这个高他两届的大个子男孩接触。

而保罗也同样被小盖茨所深深吸引。他们都博览群书，很多话题他只有与比尔·盖茨聊起来才能得到共鸣，两个人也因此而一拍即合。在深入的接触中，他们发现两人的共同点也越来越多。例如，他们都喜欢阅读科幻小说。盖茨看过的每一本科幻小说，保罗都看过，并有收藏。而保罗对自然科学也有广泛涉猎，能够把诸如"枪炮原理"和"原子反应堆"之类的问题讲得头头是道。两个人还经常约好一起逃课，去计算机房摸索计算机的秘密。

事隔多年，尽管保罗·艾伦没有和比尔·盖茨及其微软帝国走到最后，但比尔·盖茨始终心怀感动地谈起这位友人：

"在我十三四岁时，有幸同保罗·艾伦成了朋友。在我遇上他不久，我问他汽油是从哪来的，我想知道精炼汽油是什么意思，我想确切知道汽油怎样驱动汽车。虽然我已经找到了一本关于那个话题的书，但那本书让人迷惑。但对于保罗，这一切并不复杂。汽油是保罗了解的许多问题中的一个，他以一种有趣而易于理解的方式解释给我听。也可以这样说，我对汽油的好奇心为我们的友谊添加了燃料……保罗对我想知道的许多事情都有许多回答。他还收藏了不少科幻书……而我比保罗更擅长数学，我也比他认识的任何人都知道更多的软件知识，这也让我们走得更近。"

第三章　人生的第一笔生意

> 花钱如炒菜一样，要恰到好处。盐少了，菜就会淡而无味；盐多了，则苦咸难咽。

——比尔·盖茨

（一）

与现在的技术不同，1968年的电传打字机还在使用地区线路，拨号进入通用电器公司的分时系统才能使用。因此，上机费用是十分昂贵的。

当时的系统只提供Basic语言。这个才出现三年的计算机语言是艰涩难懂的，连数学老师也是一知半解。一切都处于刚刚起步的阶段，学校也没有正式的计算机课程，只有一小批爱好者通过费力地硬啃通用电器公司有关Basic的基础指南了解情况。

这时候的Basic语言的缺陷是很明显的，它缺乏几乎最简单的数学功能，对控制字符串也束手无策，程序长度也受限制。但相对于摸索阶段的比尔·盖茨和保罗·艾伦来说，这一切都是有趣而新奇的。他们将大量的时间花在研究计算机上，并不厌其烦地进行各种演算，这就是编写程序的开始。

经过不断摸索，比尔·盖茨逐渐掌握了这种语言。为了好玩，他还编写了计算机程序，其中有一个最为有趣，这是一种叫做"tick—tack—toe"的游戏。他是在模拟月球着陆，要求使用者在宇宙飞船上的燃料彻底耗尽和飞船在月球表面撞毁之前完成一个软着陆的动作。

这个游戏被证明多少带有某种预见性，因为就在这个程序完成后不久，1969年7月20日，载有宇航员尼尔·阿姆斯特朗和巴扎·奥尔德林的"阿波罗11号"宇宙飞船着陆器在月球表面"死海"着陆时，离燃料用完只有短短的几秒钟时间。世界上的万事总是具有某种奇妙而有趣的联系。

由于联机费用十分昂贵，尽管家长会追加了资金，但仍然是杯水车薪。为了解决难题，学校将这些小爱好者们组织起来出谋划策。最后，比尔·盖茨和保罗·艾伦、理查德·韦兰德和肯特·伊文斯组成了四人程序编制小组，指望利用学校那台计算机挣点钱。但由于缺少资金，学校的机器很快就没法用了。

就在这时，华盛顿大学的一群程序员们成立了一家名叫"电脑中心"的公司，专为当地的企业提供主机联机时间租用服务。公司的创始人之一——莫妮克·罗纳的儿子也在湖滨中学读书。此时罗纳正盘算着能不能利用儿子学校的电脑在周末空闲时间测试一些公司的程序，于是与湖滨学校经过商议，和学校达成了共识，并以免费提供学校一些联机时间作为交换。

此时，比尔·盖茨在计算机和数学方面的能力已经得到了学校的公认，私下里同学们都叫他"数学家"和"计算机权威"，很多老师和高年级的同学也经常来请教他，保罗·艾伦也会出各种各样的难题来考他。每次，比尔·盖茨总是乐于接受这些挑战。

自然，比尔·盖茨和保罗都被选中为"电脑中心"公司抓"臭虫（Bug）"。臭虫就是计算机病毒。一旦感染病毒，计算机就会出现各种或轻或重的问题，诸如导出错误结果或死机、白屏、蓝屏等。

这对盖茨和他的伙伴们来说可是一项极具刺激性的工作，同时这也是一个广阔的探索领域。他们将发现的问题逐一记录下来，并汇编成册，命名为《问题报告书》。

在6个月的时间中，这本《报告书》已经增加至300多页，而《报告书》的大部分内容都是由两个孩子亲手记录的，这两个孩子就是比尔·盖茨和保罗·艾伦。

比尔·盖茨和保罗·艾伦不仅找到了"病毒"，还得到了那些对他们进一步了解计算机操作系统和软件有帮助的第一手资料。保罗也曾敦促过盖茨收集那些已经没有用的数据资料，这样，他就能够去琢磨那些由白天上班的人留下来的，也许是极其重要的资料。

"我经常从咖啡渣中找出那些被扔的说明和注释，并且认真研究计算机的操作系统。"比尔·盖茨说。

（二）

6个月很快就过去了，盖茨和保罗那本《问题报告书》也越来越厚。但两个男孩毕竟还处于爱玩的年纪，虽然他们也喜欢找漏洞，但挖空心思去盗取那些计算机的密码，冲击计算机系统，才是他们最想做的。

最终，他们因为偷了上机密码，并且搞崩溃了主机，被公司开除了，他们不得不远离了喜爱的计算机。而这个公司不久之后也因为经营问题倒闭了，整个暑假，盖茨和保罗都就只能流连在华盛顿大学计算机中心的门外。

就在这时，他们又有了一个全新的发现。电脑一直是被放在学校医学中心物理实验室里的，本来是全天24小时使用。经过两个小家伙的观察，他们发现凌晨3点到6点电脑其实是空闲的。这对于比尔·盖茨来说再好不过了，因为华盛顿大学就在比尔·盖茨家的附近，走路到那里也就十几分钟，这样他就能天天跑来上机。但保罗却没有这么好的地理优势，因此他只有手痒的时候才来。

在这段时间，比尔·盖茨开始过起了两面生活。每天，他总是很早就乖乖上床入睡，然后半夜爬起来去那里与心爱的计算机会面。到凌晨6点钟，他再跑回来继续睡觉。

这个秘密直到多年以后母亲玛丽才知道。她当年只是很纳闷，孩子为什么早上起床那么费劲？

1971年初，湖滨中学程序编制小组揽到了一项重要的业务。当时，波特兰市的信息科学公司是一家计时计算机公司，他们想请一批专业人士来为他们的客户编写一份工资表。公司总裁汤姆·迈克雷林知道湖滨中学有这样一群小伙子在编写程序方面非常在行，就派人找到了保罗·艾伦。

保罗、韦兰德、比尔·盖茨和肯特四人程序编写小组接下了这个项目，而项目的统筹和大部分编写工作都是由好胜心强的比尔·盖茨完成的。就像盖茨在跟保罗成为朋友的那一刻时所说的那样：

"其实我很好相处，只要让我说的算就行了。"

这一次，他们就让他说的算了。

这次是比尔·盖茨小试牛刀的开始，他也初次体会到了身为统领的快感。而保罗一向是大度的，他总是从大局着想，但他也认为比尔·盖茨的确是个最佳的人选。因为编制工资表程序要涉及税法、工资扣除法等法律和商业知识，而除了父亲身为律师的比尔·盖茨之外，没有其他人更了解这些东西。

比尔·盖茨要将所有相关的法律知识用生动的语言讲给同伴们听。为了尽快完成这项任务，他们还动员了湖滨中学的很多计算机爱好者参加进来。为提高大家的工作效率，盖茨还将这个精英荟萃的编程小组进行了整合，使之成为一个正规的合作团体。

此时的盖茨虽然只有15岁，但他将多年耳濡目染的知识都一股脑地应用起来。因为受父亲的影响，他从小就具有极强的法律意识，也深谙经商之道。记得有一次全家出行，粗心大意的小比尔·盖茨忘记了带棒球手套，然后他就用5美元和姐姐克里斯汀签下协议，获得了整整一年的棒球手套使用权。

　　还有一次，在比尔·盖茨9岁的时候，校长讲了一些经济学方面的课程，隔天就让孩子们交上一份有关投资的报告书。这天正赶上老盖茨兴致勃勃地检查儿子的家庭作业，结果就看到了儿子写的一篇名为"盖茨家族的投资计划"报告书。

　　老盖茨很认真地看了这份"盖茨家族的投资计划"，对小比尔·盖茨的想法感到十分惊奇。在报告书中，小盖茨把自己设想成一个发明家，拥有一套全新的医疗设备，他要将这个产品大量生产，行销至整个西雅图，再把赚来的钱用来照顾那些孤苦无依的病人。

　　文中充满了"投资"、"资金筹措"、"公司组织"等经济范畴的专业用语，不但概念精准，且认识独到。在报告的结尾处，小盖茨还自信满满地写道：

　　"只要能筹措到足够的资金，并且请到优秀的人来帮我做事，我一定会成功的！"

　　这份报告书让老盖茨知道自己的儿子将来绝非池中之物，这也是当初他跟妻子商量尽快给儿子转学的原因所在。

　　比尔·盖茨就是这样，用自己的头脑加上自己过硬的专业知识，轻松地与信息公司进行周旋。顺理成章地，比尔·盖茨也成为这第一笔生意的核心人物。

（三）

　　比尔·盖茨获得了统管这个项目的决定权以后，他便找公司的代表谈判，并提出按照版权协议或项目产品利润收费。最终，这个聪明的小家伙获得了胜利，他们获得了这个公司使用这个程序所获利润的10%。

　　后来，这家公司在经销这个软件时，也按照法律规定向盖茨等人支付了版权费，另外还给了他们大约相当于1万美元的计算机使用时间。

　　这一次的经历对比尔·盖茨来说至关重要，他终于将纸上谈兵的理论变成了现实，也树立了自己能够创业成功的信心。因此，他一直保留着这第一笔生意的整个工作过程。肯特·伊文斯还用稚拙的字体记录着：

　　3月16日，是我们交差的最后期限，我们获益匪浅。因为在一个充满商业气氛的环境里工作，并且与政府有关部门打交道，使我们学到了许多东西。在过去的几周中，我们都竭尽全力去完成它。

　　星期二，我们去了波特兰提交这个程序。当他们把它插入计算机时，打印机随后就打印出一份关于未来工作的协议合同。由于他给我们带来了知识上的好处，使我们免付了昂贵的用机费用。所以，每一件事我们都干得十分漂亮。现在，我们也想获得某些经济上的权益。

　　当程序完成之后，他们四人又前往波特兰参加了信息科学公司的一次董事会。肯特·伊文斯也同样将过程记录下来：

　　他们给了我们所有的人纸和笔，要我们写下个人简历，这样他们能够按照不同需要雇用我们。当然，这不得不再次提到钱的问题，保罗、比尔·盖茨和我这次都不再希望以时间来获得酬金，我们一致希望按照项目产品和版权协议来给我们付费。因为此时，大家都受比尔·盖茨的影响，意识到了版税的金额将是非常之巨大的。

　　由于我们的一个程序，我们得到了大约信息科学公司所获利润的十分之一，在公司长期的销售中，我们的酬金越来越多。因为，按照法律，公司永远无权占有任何属于我们的那部分收益。

　　很多年后，肯特·伊文斯的父亲在谈到比尔·盖茨等人的成功之路时，也提到了当年他们在湖滨中学所做的第一笔生意。他不无感慨地说：

"如果有人想知道为何比尔·盖茨会取得如此辉煌的成就，我认为这主要是由于他早期经商所积累起来的宝贵经验。"

但分外可惜的是，因为儿子肯特·伊文斯的意外离去，他并没能参与到以后的事件中来。

在这次经商成功之后，比尔·盖茨还与保罗设计了一种能分析纸带记录的计算机程序，用于计算机城市交通流量状况分析。为此，他们还专门成立了公司，保罗负责在各地跑来跑去推销公司的产品。虽然最终这次创业因政府政策的调整而不了了之，但盖茨和保罗还是盈利了大约2万多美元，同时还拥有了实际运作公司的经验和能力。

此后，比尔·盖茨还与好友肯特·伊文斯合作成立了一个"逻辑仿真公司"，其业务范围包括设计课程表、进行交通流量分析、出版烹饪全书等。这个公司承接了湖滨中学校方授权他们设计全校400多名学生的课程表程序。

在这个课程表软件设计取得成功之后，盖茨便四处给周围的学校发函，表示愿意为他们设计课程表程序，并愿意提供一定的优惠。他在联络信中说：

"我们应用了一种由'湖滨'设计的独特的课程管理电脑系统，我很荣幸地向贵校推荐这一产品。服务上乘，价格优惠——每个学生收费2—2.5美元。希望有机会进一步与贵方商洽此事。"

到1975年比尔·盖茨创办他的第三家公司——微软公司时，他已经在竞争激烈的商海中鏖战数载，积累了丰富的实战经验，无怪乎后来在经营管理中能够游刃有余，左右逢源。因此，深知商海沉浮的盖茨劝大学生们不要一开始就想着创立自己的公司，而是应考虑加盟其他公司，并在这家公司中学习他们的工作、创业方法。他说：

"挑选一个你认为真正能在这里作出独特贡献的领域，你将享受为它工作的每一天……从非常小的事情开始。"

第四章　哈佛生活

与其做一株绿洲的小草，还不如做一棵秃丘中的橡树，因为小草毫无个性，而橡树昂首苍穹。

——比尔·盖茨

（一）

虽然第一笔生意获得了成功，但玛丽和老盖茨却并不开心，他们甚至有些担心计算机对比尔·盖茨会产生不好的影响。他们一直希望孩子能够成长为全面发展的人才，因为这样才能考取理想的大学，拥有令人艳羡的人生。

而长期沉迷于一件并不确定的事物无疑是十分危险的，很有可能会阻碍孩子的全面发展。尤其是小盖茨还非常不善于社交，他们并不想让自己的孩子被看成是偏执狂，从而被社会抛弃。

父母意识到问题的严重性，就商量着找一个恰当的时机跟孩子进行一次长谈，让他开阔视野，脚踏实地把握人生的每一次机会，树立远大的理想，而不是仅仅局限于一台毫无感觉的机器。

仿佛是有心灵感应一样，盖茨也开始意识到了这一点。虽然获得了更多的上机时间，也有了一笔不小的收入，但他却发现自己离同学们越来越远。他不能很好地融入到集体之中，甚至他讲出的笑话也让大家觉得太小儿科了。他就像一个刚刚入学的新生一样，对学校的变化几乎一无所知，同学们只把他当成爱计算的怪人。这种隔阂让盖茨分外难受，他只得回到计算机房继续演算。

他将这种苦恼说给父亲听，老盖茨借着这次事件和儿子进行了一次长谈，他希望儿子考虑转变一下生活模式。比尔·盖茨聪明且懂事，他明白父母的担心，而且他自己也觉得应该结束这种极不正常的生活方式。因此，他顺从地开始尝试做一名好学生。

不久，盖茨便又拾起了课外阅读的兴趣，开始广泛阅读各种书籍，包括自然科学、艺术概论、人物传记等。凭着惊人的记忆力，他将书中优美而富有哲理的语句一字不漏地背诵出来，并且暗暗发誓，一年之内不再碰触计算机。他试图用超出常人的理性努力改变自己那些让人不可理解的特点。然而，命运仍然鬼使神差地使比尔·盖茨转了一个小弯，最后又绕回到计算机上。

1971年6月，湖滨中学与圣尼古拉女子学校合并，学校的人数一下子增至400多人，教室、课程和老师都需要重新安排，而手动筛选无疑是耗时耗力的事，学校便计划编制一个课程表来解决这一问题。

公认的计算机天才比尔·盖茨自然成了学校的首要人选。让人颇感意外的是，决心"改邪归正"的盖茨拒绝了学校的这一重托。他告诉学校，自己想仔细地考虑一下是否继续同计算机打交道，程序编制是否会成为他的终生事业。

学校尊重了比尔·盖茨的决定，并将这项任务交给一位新来的数学老师。而不幸的是，这位新老师没几天就死于空难。无奈之下，学校又重新找到盖茨，同时希望他的朋友肯特·伊文斯也能加入进来。

比尔·盖茨再次拒绝了这个任务，而肯特·伊文斯却答应下来，他想慢慢地劝盖茨也加入。在与比尔·盖茨进行一番交谈之后，肯特·伊文斯便兴高采烈地去参加自己所热衷的登山探险之旅了。但遗憾的是，从那之后他再也没有回来——他在这次探险中不幸丧生了。

比尔·盖茨痛失密友，伤心不已。痛心之余，他突然觉得人生短暂，要把握时机，做自己最想做的事。于是，他接下了朋友未完成的任务，又找到已经高中毕业的好友保罗·艾伦。此时保罗已经成为华盛顿州立大学的学生，刚好修完学期课程，有大量的空闲时间。盖茨希望合两人之力来完成这个千回百转的任务。

紧张的工作让盖茨从痛苦中逐渐解脱出来。他和保罗经过几个月的奋战，新程序终于大功告成。在一切都完成停当之时，比尔·盖茨戏谑地做了一点儿无伤大雅的小修改，他偷偷地在程序中加了一些指令，使自己成为班上唯一一位周围坐满了漂亮女孩的男生。

这套课程安排程序十分合理，它使高年级的学生每个星期二的下午都没有课。许多学生因此而高兴地穿上T恤衫，背上印着"周二俱乐部"，以表达他们的欢喜之情。

比尔·盖茨在这件事上很快就又看到了商机。他给周围其他学校写信，竭力推销自己的课程安排程序，并打算按学生人数收费。当然，这个计划最终并没有得到实施，因为另一件事情发生了。

（二）

1972年夏天，17岁的比尔·盖茨与19岁的保罗·艾伦创办了他们的第一个公司——交通数据公司。其实当时比尔·盖茨并没有想过要创建一家公司。多年以后在讲述这段往事时，他是这样说的：

"我小时候选择的一个梦想是计算机，我想把它作为一种工具来使用。当时我选择这个梦想并不是说要挣多少钱，建立一家多么伟大的公司，我只是梦想能有这么一个非常出色的工具而已。"

就是这样一个简单的梦想，支撑着比尔·盖茨和保罗进行了最初的创业。尽管他们的第一家公司以失败告终，但这段经历对两个年轻人来说却十分珍贵。它让他们看清了自己未来的方向，为开创日后令世人瞩目的微软帝国奠定了坚实的基础。

事情的起因极其偶然。一直以来，保罗都有购买《大众电子》杂志的习惯。一天，他偶然看到杂志上登载的一则广告，大意是一家名为英特尔软件公司（Intel Corporation）的新公司推出了一种名为8008的微处理器芯片。这种软件能应用于任何新型的计算机，就像一个灵巧的终端一样，能够让高端的计算机产品走进寻常人家。

这件事的震动效应对保罗来说绝不是一星半点儿，他立刻跑去找比尔·盖茨。

"比尔，英特尔公司推出了一种微处理芯片。"保罗迫不及待地向盖茨介绍说。

比尔·盖茨听完保罗的介绍后，也来了兴致，于是二人决定试着用它制造出一种低级的计算机来。

"您好，请问是英特尔公司吗？我们想购买你们的8008型微处理芯片。"保罗抓起电话打了过去。

"好吧！它的价钱是395美元，我们马上就派人送过去。"对方回答说。

两个人凑了凑自己的零花钱，却不够395美元。保罗忽然想起，自己在英特尔公司有认识的朋友，他应该能更便宜地买下来。于是，他怀揣着360美元谈成了这笔交易。

不久后，比尔·盖茨和保罗便摆弄出一台机器。但到底拿它做什么呢？两个年轻人还没有想好。

直到有一次，两人在路上闲逛，比尔·盖茨发现一根横穿马路的管子，他好奇地问保罗：

"这是干什么用的？"

"这是市政当局统计汽车流量用的。这根管子和一个小金属盒子相连，还配有一个可供打孔的纸带。每次汽车通过橡皮管的时候，机器就会将车次的记录打在纸带上，和我们的计算机相似，都是用0和1这两个数字来进行的，这些数字可以反映出时间、流量。"保罗详细地解释说。

保罗的解释立刻让两个人有了主意。交通数据的整理显然是相当耗费人力物力的事，而市政当局常常会雇佣一些私人公司将原始数据整理成有用的材料报告，然后再根据报告，确定最佳的交通管理方案。

这是一个让人惊喜的发现，让盖茨和保罗找到了商机。因为这些私人公司往往要价很高，而且拖延时间，市政当局经常为此恼火不已。现在，他们可以接下这个生意，并长期做下去。

但他们毕竟还是两个不满20岁的孩子。为了要让自己的东西更有说服力，他们就成立了这家交通数据公司。

这是假期里的活动，比尔·盖茨宣称并不会影响学业，老盖茨和玛丽觉得这也是个锻炼孩子的好机会。因此，他们答应利用自己的人脉关系尽量给孩子们提供帮助。

说干就干。两个小伙子很快就利用手头这台机器将交通材料汇编成册，在父母熟人的介绍下，以更低廉的价格出售给市政当局。这项业务为他们赢得了2万美元的报酬。

事情如果进展顺利的话，盖茨和保罗可能会一直经营下去，但挫折很快就来了。两个小家伙准备扩展业务，便跑到其他州去游说。因为没有熟人的引荐，这两个乳臭未干的孩子遭到了大部分人的拒绝。在他们想寻找对策时，美国联邦政府又决定向各州及其市县政府免费提供交通数据分析服务。这样一来，交通数据公司就彻底没生意了。

保罗要回学校继续修学分，而比尔·盖茨也即将面临大学的入学考试，公司的事只能暂时告一个段落。虽然初期创业失败，但比尔·盖茨并没有气馁。通过这件事，他看到了最重要的东西——自己的成果能够得到真正的应用，而这离他心中的构想又近了一步。

（三）

坎布里奇是马萨诸塞州一个古香古色的小城，这里与著名的波士顿市区隔河相对。1973年，经过了几个月勤奋的备考，比尔·盖茨以1590的高分顺利通过哈佛大学的入学考试，来到了这座宁静的小城。比尔·盖茨的成绩让父母十分欣慰，孩子终于沿着他们的设想步入了人生的正轨。

哈佛大学成立于1639年，是一所享有一流大学的声誉、财富和影响力的学校。这座拥有300多年历史的名校孕育了无数的成功人士：7位美国总统、12位副总统、33位普利策奖获得者、37位诺贝尔奖获得者、十几位跨国公司的总裁……而18岁的比尔·盖茨并不知道，自己将成为这所名校里最著名的辍学生。

此时，盖茨只是法律系预科专业的一名新生。他还记着学校公布录取结果之前自己那颗惴惴不安的心，虽然曾就读于华盛顿州最好的中学，但哈佛毕竟聚集了全世界的聪明人。因此，比尔·盖茨仍然感受到了前所未有的压力。

来到学校后，盖茨发现周围的每个人都和他一样聪明，甚至有些人考试成绩比他还要好。在他的一生当中，他也第一次不能只在考试时露个面就获得一门课的满分。但在这种环境下，比尔·盖茨那天性中的竞争意识也被最大限度地激发出来。刚刚入学不久，他便投入到异常刻苦的学习当中。

适逢担任校长的博克正在大刀阔斧地进行改革。他倡导让"每个哈佛本科生都应该宽广地接受教育"，因此除了强调在被认为对现代学生必不可少的7个知识领域中掌握入门方法的学习之外，学生可以选修任何他们感兴趣的课程，并且允许同时攻读研究生课程。

这给比尔·盖茨提供了非常宽广的成长平台。他本来就对法律兴趣不大，因此，对数学仍然满腔热忱的盖茨在入学之初就选修了哈佛大学最难的数学课——"数学55"，并花费大量的时间研究这门科学。

此时，比尔·盖茨的人生设想是希望自己日后能够成为一名优秀的数学教授，因为他实在着迷于证明定理的纯粹性。

"这种纯粹性只能用确切而非含糊的语言来论述。"他曾一语中的地道出自己痴迷数学的原因。

有志于从事数学研究，还缘于比尔·盖茨的一次成功解题，那次成绩至今都令他念念不忘。

那是刊登在数学杂志上的一道难题：一个厨师做了一叠大小不同的煎饼，他要不断地翻动煎饼，使煎饼最后能够按照大小顺序排列，最小的煎饼在上面，最大的煎饼在下面。问题是：假如这里有N个煎饼，厨师需要翻动多少次，才能完成这个排列？

这个看似简单的问题，其实运算起来相当复杂，而比尔·盖茨只看了几眼就找到了一个绝佳的解题方式。他跟数学教授克里斯托斯·潘帕莱米托说：

"我觉得我的这个办法比其他人的都要好。"

教授非常耐心地听完了盖茨的解答，并把比尔·盖茨的方法记录下来，发表在1979年的一期《非线性数学》杂志上。

后来，这位数学教授总结说：

"比尔·盖茨的这个史无前例的解法使这一难题取得了突破性的进展，其影响至少可以在数学界持续15年。"

这就是比尔·盖茨的天才之处，他总是在自己所擅长的领域里面寻求解决问题的最佳方案，并从这里获得心灵的满足。盖茨虽然不是哈佛大学数学领域的顶尖人物，但他的解题思路和另辟蹊径的方法绝对是首屈一指的。

虽然比尔·盖茨的天赋和惊人的创造力给哈佛大学的教授们留下了深刻的印象，但同时他又是一个个性极强的人。在高手如云的哈佛，他给人的印象并不好，因为他的桀骜不驯和喜欢挑战常常让人不喜欢，甚至是反感。比如，他常常当堂指出老师的错误，让老师分外难堪；他平时还逃课，只有在考前猛学一阵，最后以B收场，这简直让很多人既羡慕又嫉妒。

（四）

但是，比尔·盖茨也不是事事都自信的，例如最后放弃数学而转投计算机，就是因为他发觉很多人比他更优秀，而自己要努力多年也未必有成就。尽管至今也有很多人对失去一个优秀的数学家感到惋惜，但多年以后，比尔·盖茨在回想起往事时，却异常冷静和客观。他这样解释自己当初的选择：

"我在哈佛和好几个数学系的同学打过交道，其中包括弗雷德·康芒纳，也就是赫赫有名的科学家兼作家巴里·康芒纳的儿子。我清楚地认识到，他们的数学学习和研究能力都远远在我之上。而我无法在任何事情上屈居第二，因此，我决心放弃自己所热爱的数学。"

最后一句话道出了比尔·盖茨的心声，"以我为王"的信念让他不得不放弃自己所钟爱的数学。

"如果换一个人，他也许会坚持下去，坚持自己的喜好。因为谁又能说，不是第一名就一定不能够干出一番事业呢？但是，我始终做不到。我一直在思考，我应该干一点更好的事情，并且取得别人无法企及的成就。对于数学，即使我再苦干数年，也不一定能够做到遥遥领先。"

比尔·盖茨的心中有个更大的梦想，就是不想屈居人下。他也意识到自己面临着一个充满机遇的世界，因此，他想做的更多，而不是单纯地做一名教授、一个律师，或者是一名生物科学家。比尔·盖茨觉得他有充分的时间思考，毕竟还有两年的学业没有完成。

因此，他又开始广泛涉猎各种他所感兴趣的领域，这当然也包括计算机，这个他13岁就开始接触的新兴领域，现在正在向他展现着一个更加宽广的未来。这时他还没有想太多，只是如同高中时一样，经常整天光顾哈佛大学的艾坎计算机中心，在那里度过无数个不眠之夜。

对计算机的狂热追求使比尔·盖茨很快就为艾坎计算机中心的同学们广为熟知。这个邋里邋遢、头皮屑乱掉、满脸雀斑的男生总是喜欢在计算机中心没日没夜地写程序，或者尽情地玩自己开发的电脑游戏。

盖茨的这种日夜颠倒的生活让同学们记忆深刻。至今，鲍尔默都还记得大学时的比尔·盖茨：

"有时当大家都去上课或出去吃中饭时，头发乱糟糟熬了一夜的比尔·盖茨才疲惫地从机房中走回来。他扔掉鞋子，然后直挺挺地倒在床上开始睡觉。他从来没有时间整理床铺，总是拉过一条电热毯盖在头上，倒头便睡，睡醒了就随便吃点什么，或者干脆拿着面包就直奔计算机中心去了。"

此时，比尔·盖茨仍然喜欢挑战，临时抱佛脚的考试也总能让他顺利过关。任何挑战只有拥有了对手才有趣，在大学二年级的时候，比尔·盖茨认识了他生命中另一个十分重要的人——史蒂夫·鲍尔默，这个至今仍在为微软打拼的重要人物。

鲍尔默是数学系的优等生。当比尔·盖茨混迹于数学系的时候，他们就相识了。两人还在学校的电影院里一起观看过《雨中情》和《发条橙》，并大聊电影及人生。不同于比尔·盖茨的害羞，鲍尔默善于交际和应酬。他虽然不懂计算机，也没有基础技术知识，但他精力充沛，狂爱数学，喜欢拿破仑。因此，两人可聊的话题非常多，而且越聊越投机，很多观点也惊人的一致。

随着彼此越来越熟悉，他们甚至实现了"高频段交流"。他们经常两个人同时说话，然后再同时回答对方的问题。正因为彼此深切地知道对方的想法，两人才能达到这样的默契。

很自然地,鲍尔默和比尔·盖茨搬进了同一个宿舍,并给宿舍起名为"雷电房"。因为在那里他们经常一起辩论,一方总是试图压倒另一方,使整个宿舍就像雷电来袭一样亢奋。

也许年轻时总是要做一些疯狂的事来宣告青春岁月的有趣和无聊,比尔·盖茨和鲍尔默就用打赌的方式来宣告青春的无敌。两人相约一起逃课,然后在快考试的时候拼命啃书,他们都试图用最少的时间来取得最佳的成绩。

尽管多年以后两人都认为这样的学习方式并不科学,而且用这样的态度迎接工作也是相当危险的,但年轻人的好胜心让他们当时都参与了这项游戏,并乐在其中。

比尔·盖茨三四岁时,母亲外出时就总是把他带在身边。当在学校里老师向学生讲解西雅图的历史和博物馆的情况时,盖茨总是坐在全班最前面。尽管盖茨是个十分好动的孩子,但在教室里他表现得却比其他学生更加专注、认真。盖茨从小就酷爱读书,尽管他是个儿童,但他喜爱读成人的书。在自己家里,他可以随意翻阅父母的藏书。7岁时,他最喜欢反复看个没完的是《世界百科全书》。

第五章　Basic语言革命

不要让这个世界的复杂性阻碍你前进，要成为一个行动主义者，将解决人类的不平等视为己任。它将成为你生命中最重要的经历之一。

——比尔·盖茨

（一）

"比尔·盖茨身上具有一种坚韧不拔的精神，他总是集中精力干好一件事情，绝不轻易放手。他的信念就是：不干则罢，要干就干好！"

与比尔·盖茨朝夕相处的大学室友这样评价他。

在大学二年级时，比尔·盖茨除了流连于计算机中心之外，还非常喜欢玩牌游戏。这是他从小就很热衷的项目，而这个游戏可谓既益智，又能打发无聊的时间，正适合内心矛盾重重的盖茨。

虽然知道自己不能成为数学教授，但开办自己的计算机公司也为时尚早，他不愿违背父母的意愿，只能等结束哈佛的学业后再做打算。这让他常常陷入矛盾之中。当矛盾无法调节时，他只得陷入疯狂的玩牌中。

即使是玩牌，比尔·盖茨也散发着自己爱竞争的天性。因为不是牌桌上的老手，刚开始玩牌时，盖茨老是输得一塌糊涂。但他一点也不灰心丧气，而是不断总结失败的原因，愈战愈勇。加之他天性好钻研，记忆力和分析力超群，并具有一种坚韧不拔、事事认真的秉性，很快他就学会了记牌及如何有策略地出牌。没过多久，比尔·盖茨就成了一名玩牌高手。

玩扑克牌说到底只是一种游戏，但比尔·盖茨却十分认真。如果他输了牌，他一定要赢回所有的钱才能结束比赛。尽管这样的执著在别人看来有些傻气，但比尔·盖茨并不在乎别人怎么想。

"雷电房"也成了大家打牌的固定地点，每个晚上的输赢都在几百元和上千美元之间，这是常有的事儿。比尔·盖茨常常会成为赢钱的那一个。一晚上下来，他的收入一般都不低于200美元。

多年以后，比尔·盖茨在回忆起自己玩牌赢钱的经历时，还不无得意地说：

"我牌打得不赖。医学院和商学院也有一伙人经常来玩，他们牌技不高，我们就提高筹码，让他们输个精光，结果他们再也不来了，而我们那伙人一直坚持到最后。大家水平相当，也就没有多少输赢了。……玩牌时，你得了解各种情况，比如谁叫牌大胆，谁已经出过什么牌，谁叫牌和诈牌的方式如何，等等。然后把种种情况综合起来，再根据自己手上的牌决定出牌策略。我精于此道。"

打牌容易上瘾。比尔·盖茨深知长久这样打牌非常不好，因此想了各种方法克服牌瘾，甚至把支票交给鲍尔默保管。但这样仍然无济于事，过两天他又想方设法把支票要回来。他看很难克服，所以干脆顺其自然，因为目前还没有什么事比打牌更加吸引他。

由于经常通宵打牌，比尔·盖茨也养成了在课堂上睡觉的习惯。有一次，他甚至在考试的时候睡着了。这是一次希腊文学的考试，起初监考老师并没有在意，以为他趴在桌上潜心思考。可过了很久，老师发现比尔·盖茨一动不动，便生气地敲了敲盖茨的脑袋。

突然清醒的比尔·盖茨慌忙开始答卷，此时考试时间已经过了一半。盖茨拼命答题，结果刚刚写下最后一个答案，考试结束的铃声就响起来了。

考试结果让比尔·盖茨感到很欣慰，一个来之不易的"B"，让盖茨逃过了一劫。

（二）

1974年的一天，保罗·艾伦辞掉华盛顿的工作来到波士顿。他是特意来找比尔·盖茨的。为此，他甚至在哈佛大学的附近找了一份工作，顺便租下一所房子居住。

在这期间，保罗时不时地跑到哈佛找盖茨聊天。他的动机再明显不过了——想与比尔·盖茨一起创业，一起参与到个人计算机产业的洪流中去。

尽管比尔·盖茨举棋不定，但保罗知道计算机技术每天都在发生着变化，时不我待。而自己要想创业，就离不开比尔·盖茨的支持，因为软件是盖茨的特长，自己更擅长硬件，这样的组合太完美了。何况他们还一起创立过交通数据公司，并赢得了事业上的第一桶金。经过现实的磨砺，保罗更加信心满满。

保罗·艾伦的到来也使比尔·盖茨不得不正视现实。他们一起搜集资料，分析当前的形势，并越来越确信计算机已经走到了一个将进入千家万户的辉煌时代。它必将会引发一场新的技术革命，这场革命就如当年的蒸汽机、汽车、飞机的发明一样，将会使人类的生活方式发生翻天覆地的变化。

保罗反复强调"计算机必将大为普及"，对此，比尔·盖茨也确信不疑。因此，保罗一再劝说盖茨：

"我们干吧，创立一家属于我们自己的计算机公司，否则我们会抱憾终身的。"

比尔·盖茨也知道这一点，但他不能贸然从哈佛退学，而且他们现在连创业的资金也没有，时机尚未完全成熟，客观的条件也没有完全具备。而且还有一年他就毕业了，不急于这一时。

最终，保罗·艾伦被比尔·盖茨说服了，他暂时在波士顿安顿下来，继续关注个人计算机的发展。他知道比尔·盖茨已经被他说动，他们只是需要一个恰当的时机而已。

1975年的一天，保罗·艾伦一如既往地来到报刊亭买了一份《大众电子》杂志。他刚瞥了一眼封面就眼前一亮，然后飞快地跑到哈佛学校宿舍找比尔·盖茨。

此时的比尔·盖茨正在蒙头大睡。保罗大声叫醒了睡眼惺忪的盖茨，并一改平时的沉静稳重，急迫地尖着嗓子喊道：

"比尔，比尔，快起来，天大的好消息!"

比尔·盖茨揉了揉眼睛，接过保罗递过来的杂志看了一眼之后，精神也为之一振。

这期《大众电子》的封面是一个庞大的机器，它叫"阿尔塔"。在计算机照片的下面还印着一行醒目的大字：

"世界上第一部微型计算机，堪与商用型号相匹敌。"

这台使用8080微处理器的计算机是艾德·罗伯茨开发的新产品。

两人默契地对视着，随后异口同声地说：

"就是它了。"

"阿尔塔"是世界上首台家用计算机，它是由位于新墨西哥州阿尔伯克基市的微型仪器遥测公司开发出来的。这台家用机的出现也为比尔·盖茨和保罗·艾伦打开了一扇通往成功之路的大门。

当时，他们虽然不确知这种小型电脑的未来发展如何，但直觉告诉他们，这种小型电脑的出现一定会改变人类的生活和整个电脑世界。事后也证明，比尔·盖茨和保罗·艾伦的看法是完全正确的。

两人随即开始讨论建立新公司的事。两人各有所长，保罗更喜欢硬件，他想造出符合他们梦想的计算机；而盖茨最擅长的是编程，是计算机的软件。从现实出发，两人最终决定生产软件，因为生产硬件需要很多的资金，是他们根本无法承受的；软件就是计算机的"灵魂"，而且他们也有相当丰富的编程经验，创业应该从自己最擅长和熟悉的领域着手。就这样，他们确定了最初的奋斗方向。

（三）

这台新型计算机显然还没有语言程序，这就为比尔·盖茨和保罗·艾伦提供了一个千载难逢的机会。如果比尔·盖茨和保罗能够让这台新机器用上他们所设计的语言，这无疑会成为一个非常好的开始。

因此，他们立即从该杂志上找到了公司的联系方式，并迅速打给微型仪器遥测系统公司的负责人。

"罗伯茨先生，您好。我们是西雅图交通数据公司的代表，我们看到了《大众电子》上的那篇文章。其实，我们公司已经开发出一种Basic语言，它完全可以应用到您的计算机上。我们可以就这件事详细谈谈吗？"

老道的罗伯茨马上就听出电话那头声音的稚嫩，他笑着回应说：

"小伙子，你不要再说了，已经有50个人和我谈过类似的话，我都不会相信的。我只相信结果。如果谁能提供最成熟的语言，我就和谁合作。"

说完，罗伯茨挂断了电话。

这样的回答也在盖茨和保罗的预料之中。两人相视一笑，对方没有完全拒绝就说明还有机会。他们赶紧又给罗伯茨写了一封长信，详细地说明了他们的研制成果，并再三保证这种Basic语言完全可以在8080微处理器上使用。接着，他们又抛出了诱人的价格战略，许诺每套售价只要5美分。

罗伯茨收到信后，强烈的好奇心驱使他拨通了信上标注的电话号码。

但遗憾的是，粗心的比尔·盖茨居然写的是湖滨中学的电话号码，学校的人根本不知道这件事。这让罗伯茨有点怀疑自己是不是被耍了，他开始四处打听西雅图是否有一家交通数据公司。

万幸的是，恰好有个人知道这家公司，并且告诉罗伯茨这家交通数据公司好像已经解散很久了。罗伯茨又通过那个人辗转联系到了比尔·盖茨和保罗·艾伦。他们自然是激动万分，在电话中又与罗伯茨有了初步的约定。放下电话后，两人决定就此大干一场。

只是一开始他们就遇到了困难，因为保罗和盖茨并没有足够的钱拥有一台"阿尔塔"，他们只能去哈佛大学的实验室在自己所熟悉的PDP—10型计算机上模拟"阿尔塔"的微处理器。此外，他们可以参考的资料也是少之又少，只有一本大卫·奥斯本为8080芯片写的详细的说明书和《大众电子》上那篇介绍"阿尔塔"的文章。

形势虽然严峻，但保罗和比尔·盖茨毕竟是经过历练的，他们之前无数次的编程经验此时都派上了用场。两个充满激情的青年用自己的一腔热血和浓厚兴趣开始了他们的Basic语言之路。

两个人各展所长。保罗·艾伦不眠不休地仅仅用了两个星期就在PDP—10型计算机上完成了"阿尔塔"处理器的模拟器；而比尔·盖茨也为新的Basic语言编制了设计要领。两人不分昼夜、废寝忘食地工作，饿了就嚼几口面包，实在困得不行了，就随便蜷缩在哪个角落里迷糊一会儿，醒来后马上又投入到工作之中。

这样没日没夜地工作了整整8个星期，经过升级的 Basic语言终于基本完成了。他们打电话给罗伯茨，声称自己已经开发出可以适用在"阿尔塔"机子上的Basic语言。实际上，到现在他们甚至连"阿尔塔"所用的英特尔的8080微处理器都没有见过。

接到电话后的罗伯茨虽然有些半信半疑，但还是抱着试试看的心理说：

"那你们亲自来一趟吧，给我来演示一下程序。你们到了给我电话，我去机场接你们。"

掩饰不住兴奋的保罗满口答应，他们打算三个星期之后就去阿尔伯克基为罗伯茨演示程序。

（四）

三个星期的时间并不长，这期间比尔·盖茨和保罗都忙得不可开交。直到约定见面的前一天，盖茨还留在实验室里做最后的一次检测。

第二天早上，熬了一个通宵的比尔·盖茨将最后检测完成的程序交给保罗，由善于打交道的保罗代表他们去为罗伯茨做演示。

保罗兴奋地搭上了飞机，而此时他忽然想到，他们居然忘记给这个语言编写启动命令来供"阿尔塔"计算机运行了。保罗赶紧利用这有限的两个小时在飞机上完成了指令的编写，然后有惊无险地落了地。

阿尔伯克基扑面的干燥让保罗·艾伦非常不习惯。而让更不习惯的，是艾德·罗伯茨竟然开着卡车亲自来接他，这个满脸胡子的彪形大汉更像是一个军火商人。罗伯茨载着忐忑不安的保罗转弯抹角来到了一家洗衣店旁。停下车后，他示意保罗下车，然后微笑着指着旁边的一个店铺说：

"这就是我的办公室。"

这让保罗颇感意外。他原本以为自己会来到一个楼宇林立、窗明几净的大厦，而眼前这样小门脸的店铺多少让保罗有点失望。但他转念一想：自己是来谈生意的，虽然公司规模小，只要能谈成这笔生意，自己和盖茨新公司的启动资金就有了。于是他振作精神，关心起软件能否实验成功来。

当保罗见到真正的"阿尔塔"时，心情十分激动。他小心地将打上程序孔的纸条塞进计算机，等待计算机的反应，电动打印机上顺利显示出

"准备就绪"的字样。保罗试探性地输入了"2+2"的指令，计算机马上反应出"4"的答案。

在一旁的罗伯茨和这台机器的设计者立即发出了惊叹：

"天啊！它终于不是个玩具了！"

接着，保罗又试验了比尔·盖茨用Basic语言编制的第一套软件，那是模拟宇宙飞船在燃料用完之前在月球上着陆的程序。

此时的比尔·盖茨虽然忙活了一夜，但却睡不着。他稍稍眯了一小会儿就起来了，然后守在电话机旁等待最后的结果。

等了很久，电话铃声终于响了。比尔·盖茨拿起听筒，颤声问：

"怎么样？"

听筒那头立刻传来了保罗·艾伦激动万分的声音：

"比尔，比尔，我们成功了！我们终于成功了！他们已经答应按我们的条件订购软件了。"

"好极啦！"盖茨兴奋地跳了起来。

这一天对盖茨和保罗来说都至关重要，他们新开发的Basic语言终于可以应用到世界上第一台家用计算机上了。自此，比尔·盖茨和保罗·艾伦这两个乳臭未干的小伙子终于开始点燃他们的梦想了。时年，比尔·盖茨20岁，保罗·艾伦22岁。

→ **比尔·盖茨的外祖母特别喜欢和聪明的小盖茨一起做游戏，尤其是涉及一些智力的游戏。她教比尔下跳棋、玩筹码，还有打桥牌等她所喜欢玩的东西。在玩游戏时，外祖母总爱对小比尔说："使劲儿想！使劲儿想！"她也常常为比尔下一步好棋、打一张好牌而拍手叫好。外祖母还常常让比尔·盖茨读书，给他讲故事，这让比尔·盖茨从中受益匪浅。**

第六章　退学从商

如果你陷入困境，那不是你父母的过错。不要将你理应承担的责任转嫁给他人，而要学着从中吸取教训。

——比尔·盖茨

（一）

几天后，首战告捷的保罗·艾伦回到哈佛，两人一起买了一大堆冰淇淋庆祝这次成功。他们掩饰不住年轻人所特有的兴奋之情，充满激情地热烈讨论着自己的计算机语言，还有应该如何和罗伯茨签订协议等。

既然选择软件作为新公司的主打项目，他们深知要将Basic推向市场还需要做些改进，以使它成为同类产品中的佼佼者。这也是微软的立足点。从此以后，微软公司也一直秉承着这一原则，在新软件的基础上不断研发，使之成为行业最先进者，让竞争对手无法超越。

"这是签订合同之后的事，现在我们迫切要做的就是写一份有利于自己的协议。"保罗微笑着说。

"对的，我需要去找一下父亲，他这个老律师一定会给出我们最佳的方案。"比尔·盖茨应和着。

事出紧急，盖茨为此专程跑回西雅图的家中。这一次合同文本的拟定至关重要，因为计算机在当时毕竟是一个新兴产业，行业规范还没有确立出来。一切都是全新的，一切都需要从头开始。

比尔·盖茨将自己所学的法律知识都派上了用场，父亲也将多年的工作经验拿了出来。他们彻夜翻阅过往的法律条文，寻找有法可依的证据，又讨论关于合同法和专利等相关的知识，并竭力找到一切的相关依据，最终制定出了和罗伯茨的微型仪器遥测系统公司的第一份合同。

这份合同几乎无懈可击，而这一步也至关重要。这份合同后来也成为微软公司一切合同的基础，日后为微软成功清除了很多不必要的障碍。

按照合同规定，他们将销售Basic语言软件的专利权授予微型仪器遥测系统公司，同时合同中有这样几句话：微型仪器公司同意全力以赴地许可、推进并使Basic商业化；如不能尽力，将构成此协议终止。

后来，这次合作还引来了一次官司，但就是这几句看似无关痛痒的话，使之成为微软公司胜诉的关键点。

在合同签订之后，微型仪器遥测公司信守承诺，同时推销"阿尔塔"计算机和比尔·盖茨他们的Basic语言程序。Basic语言的实验成功随即传播开来，杂志上、报纸上开始了铺天盖地地进行关于新的个人计算机可以进入实用领域的报道。一时间，这股新型浪潮席卷整个美国，很多计算机爱好者蜂拥而至，询问并订购"阿尔塔"计算机。一些性急的爱好者甚至跑到阿尔伯克基市，等着家用计算机出厂销售。

微型仪器遥测公司的生意也因为这次合作而突然红火起来，良好的销售业绩让罗伯茨知道了比尔·盖茨和保罗·艾伦的重要性。因此，他甚至拒绝比尔·盖茨曾提出过的一次性转让费，并以优厚的待遇力邀盖茨和保罗加入到自己的公司中来。

虽然此时比尔·盖茨的心早已不在学校，但他还是想坚持到大学毕业。他答应保罗还会继续改进Basic语言，而保罗自然也不会放过这个机会，最终加入了微型仪器遥测公司，成为公司的软件部经理，专门负责开发软件。虽然整个部门就他一个人，但他仍然干劲十足。而比尔·盖茨也以兼职的方式时不时地过去帮忙。

"阿尔塔"计算机的销售记录良好，但很多其他公司也陆续生产出比"阿尔塔"硬件更加出色的计算机，这让罗伯茨很快就意识到"阿尔塔"在硬件方面的不足。他想出了一个绝佳的促销方案：发动公司的员工带着比尔·盖茨和保罗沿路宣传自己的"阿尔塔"计算机。

而无疑地，Basic语言就成为公司的拳头产品。很多公司的计算机硬件虽然比"阿尔塔"出色，但只有Basic语言是他们无法比及的。

为了心中那个宏大的梦想，比尔·盖茨和保罗白天进行产品演示，晚上就加班加点改进Basic语言，尽量让程序运行得更完美，让内存更大。而且，他们还引入了"磁盘"的概念。这个概念的设想十分长远，将Basic语言存储在磁盘里面进行销售，这也为后来的磁盘革命开启了先河。这个新的尝试也让软件产品可以脱离硬件自行发展。

这种"旅行宣传"的方式为罗伯茨带来了大量的订单，比尔·盖茨也很喜欢这种营销方式。直到后来，他们成立微软公司之后，他也采用过这种宣传方式来推销自己的软件产品。

（二）

短短的两个月，Basic语言已经为比尔·盖茨和保罗赢得了18万美元的利润，这两个年轻人未来的路也渐渐清晰，而比尔·盖茨也到了最终抉择的时刻。个人电脑的时代已然来临，要么退出哈佛，专心办公司；要么继续学业，放弃这个大好的创业机会。鱼与熊掌不可得兼，创业与哈佛，比尔·盖茨只能选择一样。盖茨终于到了必须与父母摊牌的时刻。

虽然离毕业只有半年的时间，但若半年后再涉足这一产业，比尔·盖茨的那个位置也许已经被别人所取代。比尔·盖茨也深知这一点，因而他用十分急迫的心情告诉父母自己的决定。从事传统产业的父母自然不会同意儿子这个看起来十分轻率的举动。虽然看到儿子在计算机方面的成就，但放弃坚持多年的学业是父母所无法接受的。

母亲一听到比尔·盖茨的决定后，立即着急起来：

"亲爱的，你这个决定太轻率了！哈佛的学位可是无数人一生为之奋斗的目标啊。"

父亲也皱起了眉头，说道：

"我觉得，你创办软件公司与完成学业并不矛盾，为什么不能安心地等到毕业之后再去创办公司呢？扎实的知识积累不是更加有助于你日后的事业发展吗？"

而盖茨则语气坚定地说：

"爸爸，妈妈，我知道你们完全是为了我的前途着想。但是，从我13岁开始编程时起，我就涉足这一行业。我想我对于计算机前景的预见要比你们远一些，我知道一场席卷全球的计算机革命即将来临。如果错过这一大好时机，我将遗憾终生。如果我抓住了这个机会，也许就能取得无比辉煌的成就。如果这样，我从哈佛退学也是值得的。"

两人知道儿子是个独立性很强的人，如果事情到了摊牌的地步，就说明他已经下了很大的决心。这时，母亲玛丽又想到了一个人——她的一个朋友斯托姆。

斯托姆是一个白手起家的千万富翁，一位著名的慈善家。他靠电子业致富，也精通计算机技术。如果由他来劝说比尔·盖茨，一定更有说服力。

但玛丽这次显然失算了。当比尔·盖茨与斯托姆见面后，两人很快就热烈地交谈起来。当面对这个意气风发想开创一番事业的年轻人的侃侃而谈时，斯托姆一方面想到了曾经的自己，一方面为比尔·盖茨的见解而拍手叫好。

斯托姆完全被打动了，他衷心地对盖茨说：

"任何一个对电子学略有所知的人，都应该明白这确实存在，并且新纪元确已开启。"

得到这样的鼓励，比尔·盖茨更加坚定了退学的决心。

在孩子面前，父母永远是输家。见儿子去意已决，父母只得勉强同意。但比尔·盖茨也郑重地答应父亲，有朝一日，只要有机会，自己一定会完成学业。

母亲半开玩笑半认真地说：

"我们本来为你准备了一笔教育基金，如果你不完成学业，这笔钱我们可要花到别的地方去了。"

"没关系，你们尽管花吧，我以后会用自己赚的钱来完成学业的。"比尔·盖茨自信满满地说。

1975年7月，比尔·盖茨从哈佛办理了退学手续。直到32年后，比尔·盖茨完成学业的承诺才得以兑现。2007年6月7日，哈佛大学授予功成名就的比尔·盖茨荣誉学位。这时，他自豪地对台下的爸爸说：

"老爸，我终于回来拿我的学位了。"

（三）

从哈佛退学之后，比尔·盖茨和保罗多年来的梦想终于如愿以偿：在新墨西哥州的阿尔伯克基正式创建自己的第二家公司——微软公司。

"微软"这个名字的出现极其偶然。两人开发的是软件程序，而且当时是为微型机开发的，因此他们就直接用"Micro—Soft"给公司命名，中文翻译就是"微型软件公司"的意思。后来，公司日渐著名，并搬到西雅图之后，才正式改成为"Microsoft"，去掉了中间的连字符。

虽然公司只有两个人，但深谙法律的比尔·盖茨还是希望所有的问题都能弄得清清楚楚，以免日后公司壮大时影响朋友间的感情。保罗也深以为然，因为公司的主打产品是Basic，而此语言多半应归功于比尔·盖茨。

因此在谈论分成时，以参入技术的不同，保罗占据40％，比尔·盖茨占据60％。多年之后，谈到草创公司时期两人的这种分配方式，保罗开玩笑似地说：

"这样的分配充分体现了一个律师的儿子和一个图书馆长的儿子的区别。"

公司挂牌成立了，比尔·盖茨和保罗都兴奋不已。一想到公司的下一步发展，比尔·盖茨就意识到不能只看眼前利益。微软是依托罗伯茨的公司开展业务的，而罗伯茨他们的硬件并不太好，他们只是依靠比尔·盖茨和保罗所设计的Basic语言出售产品。

因此，如果能另外找到买家，没准儿也能打开微软的软件销售之路呢。经过商量之后，比尔·盖茨便想将Basic一次性转让给罗伯茨。虽然他未必会答应，但他还是决定试一试。

一天，比尔·盖茨和保罗如常来到罗伯茨的办公室：

"我说，罗伯茨，我们有一个想法，也许对咱们两个公司都有好处。"比尔·盖茨委婉地开腔了。

"想法？什么样的想法？"罗伯茨眯着眼睛瞧着比尔·盖茨。

"我想把Basic语言一次性卖给你，你觉得怎么样？"这句话一出口，就像一枚炸弹一样，一下子就把罗伯茨从椅子上炸了起来。

罗伯茨两眼死死地盯着比尔·盖茨，大声问道：

"比尔，你不是开玩笑吧？"

"我是认真的。我们两个公司合作这么长时间了，大家又都是朋友，我想了想，价钱么……可以低一些，就6300美元吧，这应该是非常划算的。你觉着怎么样？"

比尔·盖茨此时俨然是个精明的生意人，他运用老道的谈判技巧说道。

罗伯茨来回踱着步，思考了片刻，他立即连连摆手：

"不不不。我怎么能占你们的便宜呢？我看，咱们还是像现在这样合作比较公平。如果你们觉着现在的利润有些少，我还可以让一让。"

罗伯茨自然不会同意，他知道自己完全是靠Basic语言才售出"阿尔塔"计算机的，他还指望与比尔·盖茨开展长期的合作为自己开发新的软件程序呢。如果就这样终止合作，他的公司根本没法继续发展。因此，他断然拒绝了这一次绝佳的赚钱机会。

比尔·盖茨只得失望地耸耸肩。反正售出一台"阿尔塔"，他就赚到一份钱。这样算起来，他也并不吃亏。

但事情的发展并不总是一帆风顺，新的打击很快就来了。

在计算机俱乐部的一个展览会上，有人意外地拾到了罗伯茨微型仪器公司的Basic语言打孔纸条，便将其交给一个名叫丹·索科尔的人。

丹·索科尔也是一个电脑高手，他很快就将这些打孔纸条进行复制。不久，微软公司的Basic软件便被无穷尽地拷贝出来，免费送给所有"阿尔塔"的使用者和业余计算机爱好者。这个损失对于罗伯茨和盖茨来说无疑是巨大的。

这种不顾商业道德、危害微软命脉的举动让比尔·盖茨非常生气，罗伯茨当然也很生气。但过错在他这边，他只得好生劝慰比尔·盖茨。

比尔·盖茨和保罗决定写公开信谴责这种恶劣行径，让诸多盗版者内省。他将这封信发表在"阿尔塔"用户的通讯上：

我们出售软件获得的专利费，如果以我们花在"阿尔塔"机Basic语言编制上的时间来平均，每小时其实只值2美元。多数计算机爱好者想必知道，你们中大多数人拥有的软件都是盗窃得来的。硬件必须用钱买，而软件则是可以彼此分享的。但你们可曾为软件编写者想过？他们的工作是否得到了应有的报酬？……谁会愿意白干？哪一个计算机爱好者愿意花费他3年的生命来编制程序，寻找其中的错误，并把这程序制成文件，而只是为了让别人拿去随意分送？

这封措辞激烈的信虽然得到了少数人的回应，但并没有取得什么明显的效果。比尔·盖茨只是用他的正义之声让更多的人记住了他和微软公司。

（四）

比尔·盖茨的公开信并没有达到预期的效果，盖茨和保罗必须想出更好的办法来面对如此头疼的盗版问题。经过苦思冥想，比尔·盖茨另辟蹊径地想出了一个两全其美的办法，他对保罗说：

"软件应该按固定价格卖给硬件公司，然后他们自己将软件的成本加到计算机的价格上，这样盗版就不会太影响我们了。"

保罗立即对这个绝佳的想法表示赞同：

"这个主意真不错！这样我们就可以直接找硬件商收取费用。至于他们怎么对付盗版的行为，那就是他们的事儿了！比尔，你是怎么想到的？"

面对保罗的询问，比尔·盖茨不无得意地说：

"我也是突然想起来的，IBM公司就曾经做过类似的事情。我记得大概是1969年吧，他们将软件和硬件分类定价。我觉得既然他们可以，我们也可以这样做。"

就这样，比尔·盖茨代表微软公司与罗伯茨的微型仪器公司签订了新的协议。然而此时，罗伯茨的微型仪器公司却发生了些许变故。虽然有微软的软件支持，但落后的硬件技术加之其他硬件公司的竞争，使"阿尔塔"越来越不好卖，微型仪器公司的经营情况也开始日趋没落。

罗伯茨的生意难以为继，他只好将公司转卖给一家名叫佩特克的公司。这样的转变也让比尔·盖茨和保罗深切地体会到了市场的残酷。而他们也知道，罗伯茨这棵大树也不是他们的依靠，他们最终仍然要走出自己的路。

比尔·盖茨和保罗商量过后，决定主动出击。他们四处奔走，将微软公司推销给通用电气公司、NCR公司，还有花旗银行等。比尔·盖茨以自己对计算机软件的非凡了解和Basic语言的销售业绩给这些公司留下了极好的印象。没过多久，新订单就源源不断地来了。

有了大量的新订单，两个人显然忙不过来了，公司需要扩充新的力量。比尔·盖茨和保罗一拍即合，同时想到了他们那些在湖滨中学昔日的战友们。

湖滨中学是他们开始追梦的地方，也是其他与他们有着相同梦想的计算机狂人追梦的地方。转眼8年过去了，那些昔日老友不知道还好不好？比尔·盖茨和保罗赶紧给朋友们打电话。

1976年，在微软成立的第二个年头，马克·麦克唐纳和理查德·韦兰德先后进入微软公司工作。

马克·麦克唐纳是保罗·艾伦的同班同学，而理查德·韦兰德曾任软件开发小组的“四剑客”之一。老友重逢，大家感慨万千。此后不分彼此，开始亲如一家地投入到新的工作当中，就像当年一样。马克·麦克唐纳负责按客户要求改进适用于8080处理器的Basic语言，韦兰德则为摩托罗拉公司的8800处理器编写Basic语言和Cobol语言。

但人手还是不够，微软开始对外招聘。几个月以后，两名刚从斯坦福大学毕业的学生慕名而来，他们是阿伯特·朱和史蒂夫·伍德，因热爱计算机编程特意来到微软公司。经过严格的上机测试，比尔·盖茨很高兴地录用了他们。

为了工作需要，公司还添加了新的终端机以及必备的几件家具。直到此时，微软才大概有了公司的样子，每个人的工作也有了更为细致的划分：

比尔·盖茨主管行政事务，包括签发支票、填写各种表格、处理广告业务、推销产品等；保罗负责协助比尔·盖茨管理公司，拓展业务；史蒂夫和理查德几个人负责技术工作，研发和编制程序。

微软公司开始逐渐步入正轨，有条不紊地向前发展着。

少年时期的盖茨读的书很多，想的问题也很多。一次，他忽然对他四年级的同学卡尔·爱德说："与其做一棵草坪里的小草，还不如成为一株耸立于秃丘上的橡树。因为小草千株一律，毫无个性；而橡树则高大挺拔，昂首苍穹。"他还坚持写日记，随时记下自己的想法，小小的年纪常如大人般深思熟虑。他在一篇日记里写道："也许，人的生命是一场正在焚烧的'火灾'。一个人所能去做的，就是要竭尽全力从这场'火灾'中去抢救点儿什么东西出来。"这种"追赶生命"的意识，在同龄的孩子中是极少有的。

第七章　第一场官司

　　站在镁光灯下是堕落的，站在讲台上是堕落的，因为他们会让你觉得，你比别人更聪明。

——比尔·盖茨

（一）

　　比尔·盖茨虽然离开哈佛一年有余，但他一直没有时间办理退学手续。当微软发展步入正轨之后，他才返回到哈佛大学办理了正式的退学手续。几个星期后，当他回到微软公司总部时，一些新式的家具让他大吃一惊。

　　这一改变让比尔·盖茨很不舒服。当得知这些家具是韦兰德自己做主买的时，他十分生气地跑过去质问韦兰德：

　　"谁给你这个权力添置这些家具的？你不知道我们公司现在正处于发展阶段，一切都不能铺张浪费么？"

　　韦兰德本想给比尔·盖茨一个惊喜，没想到会使他这么生气，他只得支支吾吾说：

　　"我只是希望公司更加气派，有点儿大公司的样子。"

　　比尔·盖茨怒气冲冲地要求退掉这些家具。韦兰德觉得十分委屈，因为他认为自己并没有做错，他做的一切都是为了公司好。

　　这个时候，和事佬保罗·艾伦忙从中调停。他细声细气地说：

"韦兰德没有错，他是为了公司才购置的；比尔也没有错，因为公司现在没有经济能力来营造豪华的办公环境。那我们就先把家具退回去吧，等以后我们发展壮大了，再将办公室布置得很漂亮、很有品位也不迟。"

一场风波就这样平息了，这下大家也都见识了比尔·盖茨作为老板的霸气，而盖茨克勤克俭的个性也表露无疑。从此，微软再没有不经过他的允许而添置任何新式家具。身为公司的领导者，比尔·盖茨一直强调：

"钱要花在刀刃上。哪怕只是1美元，或者只是1美分，也要花到需要的地方。"

盖茨的这种作风深受父母影响，并且一生都坚持如此。尽管日后他资产过亿，也没有养成花钱大手大脚的习惯。

公司的业务越来越好，但这样一群小鬼头却总是邋里邋遢地进进出出，个人不修边幅也就算了，公司的档案等也没有明确的分类，找一个文件都要费上老半天的时间。虽然比尔·盖茨在对待个人卫生上没什么要求，但办公室毕竟代表着一个公司的形象，不能总是一片乱糟糟的，他们急需一个身为总管角色的女秘书的出现。

于是，公司很快就招聘到一位秘书。这个女孩刚刚大学毕业，风华正茂，金发碧眼，身材苗条。但显然，她并不适应这里的工作，因为她不喜欢这些乱糟糟需要她清理的文件，以及头发金黄、长得跟着孩子似的老板朝她吼叫。没干两天，女秘书就一气之下走掉了。

有了这次教训，比尔·盖茨决定亲自挑选一个合适的秘书。这个女秘书需要细心、周到，还要时不时地帮他们跑跑腿、送送材料，而且也要随着他们无限时的工作时间而工作。

比尔·盖茨迅速在心里头盘算着，当办公室经理史蒂夫·伍德带来一大摞应聘材料后，他皱着眉头在里面寻找那个自己想要的秘书人选。

突然，盖茨指着一个人的简历说：

"伍德，就这个吧。马上给她打电话，直接录用她。"

随即，比尔·盖茨低头继续自己的工作。

伍德好奇地看着这位被比尔·盖茨钦点的人，不禁哑然失笑：米利亚姆·卢宝，42岁，家里有4个孩子。

伍德吃惊地问道：

"你确定是她么？她还有孩子，会不会不适应我们的工作速率啊？"

比尔·盖茨抬起头，微笑着说：

"你相信我。我们不要一个花瓶，我们需要的是一个热心肠、事无巨细的女管家，稳重踏实、不会浮躁。我觉得她没准儿会很适合。"

伍德点了点头，马上去给卢宝打电话。

卢宝自从发出简历后，心里一直忐忑不安。她知道自己年龄太大，恐怕没有哪个公司愿意聘用她。

"如果有人要我，一定得好好干。"

正在她这么想的时候，电话铃声居然响了。她非常高兴地参加了微软公司的面试，但她只见到了史蒂夫·伍德，因为这时比尔·盖茨出差了。

伍德嘱咐给卢宝需要做的工作，其实就是做各种杂活，但薪水对她来说却是相当可观的。由于是软件公司，公司还要求卢宝注意有计算机的办公室严禁外人入内。

卢宝认真地听着，她没想到幸福来得这么快。伍德最后站起来，握了握她的手说：

"欢迎你加入微软。"

"谢谢你，我一定会努力的！"

（二）

卢宝是个十分尽职尽责的秘书。很快她就发现，这个新公司非常有趣，除了自己之外，其余都是二十几岁的小伙子。他们精力充沛地坐在那些大家伙面前工作，一工作就是一天，几乎忘记了吃饭。

而这份工作对她来说也是驾轻就熟，无非就是从公立学校的计算机中心取回各种"报表"，整理分类那些文件。她十分喜欢公司那种和谐的氛围，也觉得自己年轻了许多。只是来了好几天，她都没有见过公司的总裁，不知道他是个什么样的人呢？

有一天，卢宝照常整理那些丢弃在座椅上、地上的乱糟糟的小纸条，一个带着圆边眼睛、留着黄头发的年轻人突然从她的眼前一闪而过。卢宝立马警觉起来，眼睛紧紧盯着这个人，发觉他居然走进了有计算机的那间办公室。

卢宝赶紧扔下手里的活，跑到伍德那里报告：

"伍德，不好了，有一个小孩儿闯进了办公室。"

伍德抬起头看了一眼办公室，随即慢悠悠地说：

"没事儿，他是董事长。"

卢宝简直不敢相信自己的耳朵。她张着嘴，用一种询问的眼神看着伍德。伍德被卢宝的表情逗笑了，说道：

"没错，他就是董事长！"

卢宝怎么也不会想到，公司的董事长居然是个毛头小子，而且看样子也就十五六岁。她觉得自己有些失态，急忙转身想回去工作，可实在忍不住，还是转头问了一句：

"请问，董事长今年多大？"

"21岁了。"

这个21岁的年轻人很快就证明了自己的权威和能力，美国许多赫赫有名的公司的老板一个接一个地来到这家小公司，拜访这个只有21岁的年轻董事长。

这些老板约见比尔·盖茨之前，总要打电话询问卢宝到机场如何知道前来迎接的人是比尔·盖茨，每次卢宝都千篇一律地回答：

"非常简单。如果您看见一个戴眼镜的金发孩子，模样只有18岁，他的眼神犀利，动作老练，各方面都有点与众不同，那就是他了。"

卢宝成了微软公司的总管家，她发工资、记账、接订货单、采购、打字，还要照顾公司职员的生活；她按照比尔·盖茨的嘱咐去商店订货，让他们每星期给微软公司送两次可口可乐，还有牛奶和果汁，这是大家非常喜欢吃的东西；平时小伙子们工作累了，卢宝便会购买汉堡给他们吃，这也是比尔·盖茨最爱吃的食物之一。即使日后成为全球首富，他也仍然最爱吃汉堡。光顾快餐店或咖啡馆让他感觉浑身自在，也充满了工作的斗志。

比尔·盖茨的用人方式总是别具一格，而几乎每次选择又都是独具慧眼，这也是他成功的关键。正如他自己所说的那样：

"在我的事业中，我不得不说我最好的经营决策就是挑选人才。身为引领者，必须拥有一个完全信任的人，一个可以委以重任的人，一个能够为你分担忧愁的人。"

（三）

任何事物的发展都不是一帆风顺的，尤其是新生事物。1977年，微软刚成立不过两年，公司就遭遇到了前所未有的困境。这一困境与罗伯茨的微型仪器遥测公司有着密切的关系。

佩特克公司虽然是一家新兴的公司，但他们认为自己实力雄厚，因此在收购微型仪器遥测公司之后，佩特克公司的代表并没有拿微软的这两个毛头小伙子当回事。在Basic语言软件的销售会议上，微软与佩特克之间发生了严重的分歧。

佩特克公司代表十分无理地认为：既然他们买下了罗伯茨的公司，Basic语言软件的专利权就应该属于他们。这让比尔·盖茨和保罗非常愤怒，因为他们之前与罗伯茨签订的协议中十分清楚地阐明了微型仪器遥测公司只是负责销售这个软件，而比尔·盖茨他们才是软件的真正主人。

在销售会上，比尔·盖茨坚决地说：

"如果你们再提出这种无理的要求，微软公司有权根据协议收回给予微型仪器遥测公司Basic语言的授权。"

对方代表轻蔑地一笑，随后说道：

"那么我们就走着瞧吧。"

4月20日，在销售会议的第二天，比尔·盖茨和保罗仔细商议了一番。其实两败俱伤并不是一个最好的结果，他们决定给罗伯茨写一封信，说明其并未履行"促进并使该程序商业化"的责任，同时索要微型仪器遥测公司拖欠微软的许可费用。

在信的末尾，盖茨又阐述了微软最近面临的经济困境，并宣称如果再不改变这种情况，微软公司将考虑单方面终止协议。

信发出去后，不但没有得到罗伯茨的回复，反而收到了对方的律师信。

佩特克公司认为自己胜券在握，他们依据罗伯茨手中持有的允许其公司在10年内使用和转让Basic程序和源代码的协议，将微软公司告上了法庭。

律师信的内容让比尔·盖茨和保罗更加气愤，他们不但否认了微软公司提出的问题，还申辩未拖欠微软的许可费，同时声明微软公司自行销售Basic是违法的。如果有什么意见，可以提交仲裁委员会来裁决。连带信件的，是一张之前没有结算清楚的支票。

对方的意图已经十分明显了，他们想无偿占有Basic语言软件，并将微软拖垮。

5月5日，佩特克公司以微型仪器遥测分公司的名义向新墨西哥州的伯纳利欧洛县地区法院提出诉讼，请求限制微软公司向第三者泄露Basic的源代码。

虽然曾就读于法律系，但比尔·盖茨毕竟从未打过官司，微型仪器遥测公司的这种做法让他们有点不知所措。盖茨甚至藏在楼梯的后面，试图躲避法院来人发出的传票。但该来的终究要来，躲是躲不过去的。

5月21日，法官颁布了限制令：禁止微软公司向任何个人和单位泄露Basic的源代码，直到6月8日仲裁会做出决定为止。

这个打击无疑是致命的，尤其是对于一家新成立的公司来说。而墨西哥州的司法程序又是漫长的，虽然选定在6月8日仲裁，但由于受理案件众多，加之程序繁琐，不排除拖延的可能。而在这期间，公司资产又被全部冻结，这就意味着公司的钱只出不进。

这段时间对微软来说是个巨大的考验。佩特克公司的目的很明显，即使打不赢官司，也要拖垮微软，让比尔·盖茨再无立足之地。

这样的困境对比尔·盖茨和保罗来说是前所未有的。在收到法院传票的那一刻，比尔·盖茨就知道必须迎接这个挑战了，他们甚至连气馁的时间都没有。当时盖茨的手头正有一份合约，德克萨斯仪器公司想让微软为他们设计软件。这家公司非常有实力，他们打算在自己新生产的计算机上配备全新的Basic软件。为了不失去这桩生意，比尔·盖茨破例在不接受预付款的情况下接下了这单生意。

大家又重新忙活起来，保罗忙于新芯片的模拟程序，韦兰德在做别的项目。人手明显不够，但时间就是金钱，为此，比尔·盖茨临时雇用了一个名叫鲍勃·格林伯格的程序员来共同为德克萨斯仪器公司开发Basic语言。

第八章 化解危机

> 依赖的习惯是阻止你走向成功的一个绊脚石，要想成大事，你必须把它们一个个地踢开。
>
> ——比尔·盖茨

（一）

工作安排妥当之后，公司就要全力应战。比尔·盖茨从来不打没有准备的仗，这次也不例外。为了研究官司的胜算，盖茨用上了自己所学过的所有法律知识，并且特意跑到西雅图向父亲讨教。

父亲仔细地分析案情之后告诉他，这场官司完全有机会打赢。他还为儿子介绍了阿尔伯克基的一位资深律师。但接下来的问题才是最棘手的，那就是钱。

几乎所有的事情都赶到了一起，公司在年初去参加计算机大会花了不少钱。现在，高昂的律师费、房子的租金、员工的工资，都成了大问题。而仲裁决定又迟迟不下达，限制令只得一拖再拖。再这样下去，微软真的到了破产的边缘，比尔·盖茨和保罗也早已经身无分文了。

父母准备向儿子伸出援手，但好强的比尔·盖茨拒绝了。他想依靠自己的力量渡过难关，因此只得向自己手下员工借了2.5万美金艰难度日。8月初，苹果公司支付给微软前期合同的软件费用10500美元。这笔钱真可谓雪中送炭，暂时缓解了微软的经济危机。

1977年12月，经过漫长的9个月的等待，虽然临近严冬，但微软公司还是迎来了他们的春天。法院指派的仲裁人员最终宣布佩特克公司和艾德·罗伯茨违背协议，罗伯茨将Basic语言软件的专利权卖给佩特克公司的这一行为属于"商业剽窃"，因此最终判定微型仪器公司有权使用Basic软件，而微软公司则最终享有该软件的销售权。也就是说，微软公司可以继续销售软件，佩特克公司不能再分享Basic软件的任何利润。

这次有惊无险的经历给了比尔·盖茨很大的启发，他对法律也有了更加切身的认识。从此之后，微软公司再也没有发生过类似的"经济危机"。

虽然历经数次官司缠身，但比尔·盖茨和他的微软团队最终都以严密的逻辑和无懈可击的合同文本赢得了胜利。

但是，这段经历让比尔·盖茨并不好受。多年以后，他在回忆起那时的情形时，仍然愤慨地说：

"他们企图把我们饿死，我们甚至付不出律师费，所以当他们有意与我们和解时，我们几乎就范。事情到了那么糟糕的地步，仲裁者用了9个月才发布那该死的裁决……"

这个过程中的风风雨雨足以让一个意志不坚定的人退缩，而这对于比尔·盖茨和他的微软团队来说，也是一次不小的历练。随着业务的开展，越来越多的软件公司成了微软利益博弈的对象，比尔·盖茨和微软也始终在诉讼的漩涡里挣扎。

这一切正如《圣经》中所说的那样：

"你若在患难之日胆怯，你的力量就要变得微不足道。"

比尔·盖茨在创业的道路上从来都没有失去过耐心，即使被美国、欧盟等国家和组织裁定为垄断，被迫缴纳巨额的罚金、进行业务拆分等。对比尔·盖茨来说，坚持就是胜利的助动力。

（二）

任何一个新兴行业总是要经过短暂的崛起和优胜劣汰的选择，重新洗牌之后，那些屹立不倒的企业才是最后的赢家。

1977年4月15日，当计算机产业方兴未艾之时，第一届西海岸计算机博览会在旧金山举行。这是一次行业盛会，尽管微软刚刚成立两年，但比尔·盖茨知道不能错过这个绝佳的机会，几乎整个微型计算机工业的产业动态都会在那里呈现。只是参展费是昂贵的，尤其是对微软这家刚刚起步的公司来说，参展费更是一笔不小的开支。

比尔·盖茨当时和微型仪器公司还没有闹掰，他问罗伯茨会否前往，这样他们可以共用一个摊位。但罗伯茨缺乏长远的眼光，他只看到眼前的利益。此时他正打算功成身退，拿着佩特克公司给他的一大笔费用退休呢。因此，他对这个花费巨大的投资项目根本不感兴趣。

比尔·盖茨和保罗只得孤注一掷。为了参加这次盛会，他们几乎掏光了家底，这也为他下半年的官司埋下了资金的隐患。否则，微软不会陷入那么艰难的困境。

但是，这个富有远见的主张又是十分值得的，比尔·盖茨和保罗从来没有后悔过这个决定，即使是在最艰难的时刻，因为这次展会真正为微软插上了起飞的翅膀。

展览会的产品丰富多彩，吸人眼球：Commodore国际公司推出的PET微型计算机，它以完全组装的形式销售，既可以使用4KB的内存，也可以使用8KB的内存，微软为其开发的Basic语言也位列其中；专家和技术公司展示的是最新的木制控制板、含键盘和盒式磁带走带结构的SOL计算机；乔布斯所带领的苹果公司团队演示了他们的新产品：苹果Ⅱ型机，这台机器几乎是全能的，它既能显示简单的文字，还有图像，甚至有彩色显示。

除了硬件，软件的形式也多样化了，有打靶游戏，还有电子笔，以及早期的文字处理程序等。

这些都让比尔·盖茨大开眼界。而在展销会上最大的收获，是比尔·盖茨遇到了一位老朋友——基尔代尔教授，他们曾在为电脑中心公司找漏洞的时候相识。那时候基尔代尔正在读博士，他在软件设计方面给了比尔·盖茨不少指导。

时隔多年，这次见面时，基尔代尔已经是数字研究公司的教授了。他展示了自己的新产品，一个叫做CP/M的操作系统。这是仿照用于POP—10机的DEC的TOPS—10开发出来的，可谓是一个巨大的进步。

这套系统可以用在任何8080微处理器的计算机上。因为在此之前，计算机还没有统一的操作系统，各家公司都为了保持自己的特色而使用自己独一份的系统，这就使得行业标准很难形成，各家产品的销路也十分有限。

比尔·盖茨也一直在思考这个问题。在一年前，他作为计算机软件界崛起的新星在接受《个人计算机》采访时就说过这样一番话：

"假如所有的个人计算机硬件商能聚在一起，讨论出一个标准的操作系统的话，那对于用户就是最好的事情了。……这样，软件公司就可以编写在标准的操作系统之下运行的程序，而不必为许多这样的或那样的版本操心。那样就太方便了。"

当看到CP/M操作系统时，盖茨知道自己一直以来所设想的前景正在展开。他和保罗当时就决定，以后编制的程序都以这个操作系统作为环境。

这步棋走得镇定自若，也成为微软战略的重要一步。

（三）

从计算机博览会回来之后，当比尔·盖茨正打算大干一场之时，恼人的官司又来了。不过，在盖茨和微软团队的共同努力之下，微软又平安地度过了这一劫。

转眼就到了1978年，这是计算机行业突飞猛进的一年，各种新兴的硬件机型占据了越来越多的市场份额，没有了Basic语言的微型仪器遥测公司迅速被这场没有硝烟的战争所吞噬。TPS—80、苹果机、RET等一批新产生的个人计算机逐渐成为计算机行业的主流，新闻媒介大肆报道。而罗伯茨的公司早已成为昨日黄花，被人遗忘。计算机中心也从阿尔伯克基转移出去，遍地开花。

就在这种行业内的浮躁气氛之中，微软公司有了新的想法。当初比尔·盖茨和保罗·艾伦在阿尔伯克基创建微软公司，完全是因为微型仪器遥测公司在这里，而微软的主要合作对象就是它。

而今，合作已经不在，阿尔伯克基的气候条件也越来越让保罗·艾伦感到不舒服。这里与西雅图常年湿润多雨的气候有着巨大的反差，因此也让保罗非常想家。他十分盼望回到那个他出生的地方，那里潮湿的海洋性气候让他感觉分外舒服。

但比尔·盖茨却不这么想。他认为阿尔伯克基和西雅图都是信息隔绝，他要搬到计算机世界的中心、软件和硬件都比较发达的加利福尼亚去，那里有众多的电商巨头：英特尔、摩托罗拉、苹果公司，还有国家半导体的芯片生产中心。

大家都赞同比尔·盖茨的意见，但保罗却不同意，他是一个更加注重内心感受的人。西雅图有太多他所熟悉的东西，他热切希望回到那里，而且华盛顿大学也有很多软件人才。因此，他觉得公司搬迁到西雅图也并不会受到任何影响。

比尔·盖茨依然犹豫不决。保罗见盖茨面露难色，只得使出他的杀手锏：

"如果不搬到西雅图去，我就不干了。"

比尔·盖茨十分了解保罗，他知道保罗也不过是说说而已，但他不得不考虑保罗的想法，毕竟让保罗心有不快地工作是他所不愿意见到的。而公司也有保罗的份儿，盖茨不想这么武断地只顾自己的想法。而且，公司也的确离不开保罗。

于是，比尔·盖茨便顺着保罗的思路往下想：如果公司搬到圣弗朗西斯科湾地区，房价自然很贵；尽管西雅图不是计算机的中心，但好在公司多数人都是西雅图人，能有更强的归属感。而且，华盛顿大学还有一个培养计算机人才的基地。若从西雅图到加利福尼亚，坐飞机也只是一个小时的路程。

比尔·盖茨已经开始动摇了。就在此时，比尔·盖茨的父母也适时地打来电话劝他回西雅图。当然，这一切肯定是保罗干的。

比尔·盖茨微笑着同意了父母的意见，决定于1978年底将公司搬迁到西雅图。

1978年11月7日，严冬，阿尔伯克基天降暴雪，微软公司留下了在这里的最后一张"全家福"。这天，卢宝要照顾孩子，没有过来；而韦兰德出差未归，因此照片上少了他们两个人的身影。但这却并不妨碍在这三年的光阴中，大家心中所镌刻的每个日日夜夜。

几天后，公司的所有设备都搬走了，只剩下比尔·盖茨一个人在空空如也的办公室里流连。

"比尔，离飞机起飞只有不到半个小时了，我们走吧。"卢宝又一次地催促着他。今天是大家去西雅图的日子，而比尔·盖茨仍然不急不缓。

"我知道了，你们先走吧，给我20分钟就够了。"

"你又要开快车了，这样很危险。"卢宝忍不住说，但盖茨并没有搭腔，他此刻心里想的是：

"就让我再疯一次吧。"

比尔·盖茨喜欢开快车。在建立微软之后，每当他想挑战自我的时候，总是选择开快车。他喜欢在最短的时间内到达目的地的感觉。而为这一嗜好，他也收获了不少罚单，但他并不以此为意，相反，他甚至乐此不疲，似乎只有那个快速奔驰的人才是真正的自己。

这一次的离开象征着不会回来，这三年的光阴不会回来，微软也不会回来，而他还想最后体会一次极限的快乐。

不出卢宝所料，在去往飞机场的途中，比尔·盖茨又被记了三次罚单，其中有两次是在一条路上被同一个警察给记的。他微笑着把罚单交给卢宝：

"最后麻烦你再跑一趟了。"

卢宝略带苦涩地看着这个似乎永远也长不大的孩子，笑了。

→ **比尔·盖茨十分疼爱自己的孩子，但从不给孩子们可观的零花钱。当小儿子罗瑞总是抱怨父母不给自己买他最想要的玩具车时，盖茨认为，在钞票中长大的孩子，他们的养尊处优终将会让他们一事无成。所以他公开表示，他不会将自己的所有财产留给自己的继承人。他说："我只是这笔财富的看管人，我需要找到最合适的方式来使用它。"他认为，每一分钱都应该发挥出它的最大效益。**

第九章　转战西雅图

> 如果你想同时坐两把椅子，就会掉到两把椅子之间的地上。
> 我之所以取得了成功，是因为我一生只选定了一把椅子。
>
> ——比尔·盖茨

（一）

在西雅图的东郊，有一座名叫贝尔维尤的古老城市。这里紧邻华盛顿湖，环境十分优美。在国家银行大楼的八楼，有一家朝气蓬勃的公司刚刚搬入。这家公司就是微软公司。

为了业务需要，比尔·盖茨从电话局申请了一个新号码：455—8080。8080，这相当耳熟能详的4位数字正是微软公司发家所用的英特尔公司开发出来的8080芯片的代码，比尔·盖茨以此来纪念微软的成长。

新办公室十分气派，每个人都有了自己独立的工作间，而且微软的名字也由Micro—Soft改为Microsoft。当时这个看起来还不起眼的名字，就像一颗冉冉的新星正在升起，不出多久，它将震动整个世界。

看到儿子回来，最高兴的莫过于母亲玛丽了。她热心地为儿子和他的同伴们筹划了热烈的欢迎会，大家都在，除了卢宝，因为需要照顾家中年幼的孩子，她没办法离开阿尔伯克基市，尽管她非常不舍。不过几个月之后，已经无法离开微软的卢宝还是追随来了——她带着全家老小移居到西雅图。

新的工作环境让这些年轻人充满了新的动力，公司的业务量越来越多，客户也源源不断。公司此时还没有在北美市场立稳，但却意外地迎来了日本客户，这是比尔·盖茨没有料到的。

一天，一个自称名叫西胜彦的日本人给比尔·盖茨打来电话。他在电话中说自己很了解微软的产品，也想将微软公司的软件引入日本市场，希望比尔·盖茨能到日本来一趟。

比尔·盖茨觉得这个人有趣而又热情，但公司的业务使他无法抽身，于是他就跟西胜彦约定，三个月后，在美国硅谷的全国性计算机大会上见面。

西胜彦果然如约前往。与人们印象中的日本人形象略有不同，他是个体型稍胖的人，而且言语幽默，充满激情。也因为迷恋计算机，他从日本著名的早稻田大学辍学，随后开办了自己的计算机公司。除了经营自己的计算机公司之外，他还出版了一份计算机杂志，以及从事销售软件的工作。

相似的经历使比尔·盖茨很喜欢这个富有探索精神的日本人，加之他们又年纪相仿，两人谈得相当投机，甚至有一种相见恨晚的感觉。

两人还交换了自己对计算机前景的看法，结论也惊人地一致：微型计算机的产生和发展已经是必然趋势，微型计算机进入家庭也指日可待。

在会面即将结束的时候，比尔·盖茨愉快地答应了由西胜彦担任微软公司在远东地区的代理人，帮助他将微软的产品推广到日本。两个人还签订了一份交易额高达1.5亿美元的共同发展合同。

经过西胜彦的推荐，日本电气公司总裁渡边见到了比尔·盖茨。日本电气公司成立于1899年，以半导体及电子器件起家，实力雄厚，此时正打算开展全球战略，自然非常荣幸能加入到新兴的计算机产业中来。渡边很钦佩比尔·盖茨的年轻有为，并在美国当地媒体的访谈中说道：

"我一直认为不打领带、吃着汉堡、喝着可乐、行事不加拘束的年轻人才能够真正为个人电脑创造出适用的软件，因为个人电脑是属于年轻人的产业。"

与比尔·盖茨开展合作之后，渡边便组织当地人力研发微型计算机。1979年，日本的第一台个人计算机PC 8001新鲜出炉了，日本电气公司自然大赚了一笔。

渐渐地，微型计算机在日本打开了销路，比尔·盖茨和他的微软公司也开始享誉海外。他甚至还应邀出席了日本的计算机贸易展览会，并在会上就计算机技术的发展前景发表了演讲。

因为与渡边的深入合作，微软也开始涉足硬件的设计，同时推出了一些相应的硬件产品。而且，比尔·盖茨也越来越喜欢西胜彦，因为他有些想法能触动自己的灵感。

譬如有一次，西胜彦就捧着一份报纸问比尔·盖茨：

"比尔，你听说了吗？日立公司已宣布将可显示8行字的液晶显示器应用于生产。我突然有了个灵感，将这种液晶显示器应用到计算机上，不就可以大大地缩小计算机的体积了吗？"

就是凭着这一灵光乍现的灵感，比尔·盖茨和西胜彦有了新的计划——他们联手制成了世界上第一台手提式微电脑。

（二）

1980年，在微软成立的第五个年头，比尔·盖茨发现自己并非一个好的管理者。而以公司当时的发展势头，迫切需要一个管理天才的加盟。在脑子里转了一圈之后，盖茨立即想到了自己的好友兼大学同窗——斯蒂夫·鲍尔默。

此时鲍尔默正在斯坦福大学攻读他的硕士学位。当年比尔·盖茨退学时，他是极力反对的一个，但这次比尔·盖茨要来个大逆转，说服鲍尔默退学前来帮他。因为盖茨相信微软的前景不可限量，而鲍尔默绝对不会放过这个一起创造未来的大好机会。

在斯坦福优美的校园里，比尔·盖茨见到了鲍尔默。这个老朋友依然亲切而温和，他们热烈地交谈着。比尔·盖茨知道鲍尔默也有一颗雄心，而此时，他正需要一个机会来大展拳脚。

虽然不懂编程，但鲍尔默意识到，这是一个开天辟地群雄并起的时代，也是一个机会稍纵即逝的资讯革命时代，晚一步，就可能会错过一个时代。因此，鲍尔默答应了比尔·盖茨的要求。深谙管理之道的他坚持要熟悉每个领域的工作，因此，他要担任总裁的个人助理。

于是，比尔·盖茨以5万美元的年薪和8%股份的合同聘用了鲍尔默。此时，微软已经有16名雇员，而鲍尔默成为微软的第17位雇员。

鲍尔默的确是一个富有远见的管理者，他的沉稳和内敛让微软的形象更加丰满，也抵消了比尔·盖茨强劲进攻性的杀伤力。盖茨虽然不是一个好的管理者，但他的确是一个善于发现人才的人，这一点对于企业的成功也至关重要。有了鲍尔默的管理，有了日本电气公司的支持，微软公司的业务开展得更加宽广，而好事似乎也总是接踵而至。

1980年8月的一天，比尔·盖茨接到了IBM公司的电话。因为之前有过业务往来，比尔·盖茨对这个电话并不以为然。

"你好，是比尔·盖茨先生么？我们是IBM公司的。公司有两个人希望今天和您见见面，和您谈谈。"

"不好意思，我今天还要赴约。如果可以，我们下周约个时间见面吧。"比尔·盖茨想推迟这个约会，因为他确实还有事情要办。

而电话那端的人却像根本没听见他的话一样，继续说道：

"这两个人是我们IBM公司派出的特使，他们大概一个小时后就会到西雅图，希望你抽空去见见他们。"

IBM这样的大公司派特使前来，而且来得这样急，可见事情很重要。

比尔·盖茨立即嗅出了其中的商业味道。

思考了几秒钟之后，他果断地推掉了下午的约会，等待IBM公司的特使前来。

IBM公司创建于1911年，是美国本土有名的大企业，早年间以涉足时钟制造而闻名。1951年，这家公司研制成功电动打字机并独霸市场。70年代，它更是美国大型计算机制造的引领者，这个堪称行业霸主的蓝色巨人比刚刚成立5年的微软强大的可不是一点儿半点儿。所以，他们主动递过来的橄榄枝自然非同小可。

（三）

比尔·盖茨一放下电话就去找鲍尔默，并告诉他这个天大的好消息：

"我们要和他们好好谈谈，最好可以说服他们用我们的Basic软件，这样我们的公司肯定会发展得更快的。我们一起去吧。"

鲍尔默高兴地点了点头。此时他们并没有想到，这是一桩庞大的秘密计划。

为了给IBM公司的人留下好印象，比尔·盖茨按照鲍尔默的安排穿起了西装，打上了领带。这样的装束让盖茨看起来相当别扭，他自己也很不舒服，他看起来就像是一个"衣冠楚楚的顽童"。加上他的西装也不昂贵，IBM的特使甚至把他当成了微软公司内一名毫不起眼的办事员。

在亮明了身份之后，尽管有点儿不敢相信，特使还是秉着专业的职业精神道明了他们的来意。

比尔·盖茨早就知道IBM的分量。早在湖滨中学时，他操作的计算机就是IBM公司的缔造者肯·奥尔森的杰作。比尔·盖茨特别仰慕这位"传奇式的硬件设计师"。奥尔森也生产过小型计算机，甚至还一度引领过时代潮流。但因为IBM公司动辄就生产价值数百万美元的大型机器，这个小型机器并没有引起他们的重视。奥尔森甚至对小型计算机不屑一顾，觉得这不过是"玩玩而已"。

因此，在个人计算机突飞猛进的几年间，奥尔森也没有看出这个商机，他甚至一度认为这不过是个赶时髦的玩意儿，不会有什么大的前途。

他的这个错误判断使IBM失去了先机。直到短短三年间，苹果公司屡获成功，两个不名一文的小伙子短短几周内就售完了200部苹果一代电脑，他们才发现这已经是未来的一个趋势了。

在承认现实的同时，IBM的决策人马上召集专家开会，讨论研制个人计算机的可行性。经过几周的研讨，公司决定实行一个代号为"象棋计划"的行动，并专门组建了一个委员会，负责开发公司的新一代个人计算机。

秘密委员会详细地分析了这几年间所有新兴公司的成功经验，然后得出两个结论：一是鼓励和支持那些独立的软件发行公司，让它们大量开发软件；二是建立起一个公开的机构，带动一大批软件公司的发展。

但他们希望这次行动能够获得轰动的市场效应，因此要选择与其他公司秘密合作，从而达到一鸣惊人的效果。在软件方面，他们寻找了几家发展势头良好的公司，这其中也包括微软公司。因此，这才有了这次与比尔·盖茨的会面。

IBM毕竟是大公司，虽然说是放下身价，但仍不免有很多霸道的举动。还没有开始实质性的交谈，他们便拿出了一份两张纸的协议，要求比尔·盖茨和鲍尔默在上面签字，保证不泄露此次会谈的内容。比尔·盖茨虽然觉得十分奇怪，但也只得照办，毕竟这是一次难得的机遇，签字对他也没有什么损失。

IBM的代表萨姆斯满意地拿到签字之后，才开始了谈话，但他仍然有些含糊其辞。他说自己知道微软公司的一些情况，为了表明诚意，他模糊地讲到IBM公司正在考虑某个项目，可能和计算机一样的插入式卡。他们还无关痛痒地问了比尔·盖茨几个关于生产的软件、家用计算机的功能等一些基本问题，随即就结束了谈话。

这次谈话以观察为主，但萨姆斯很快就意识到眼前这个小伙子的聪明能干，微软公司的现状和规模也让他很满意。但他没法给盖茨任何承诺。在临走的时候，萨姆斯只是对比尔·盖茨说：

"不要给我们打电话，等我们的电话就可以了。"

随即，他又急匆匆地赶往下一家公司。

这样的见面场景比尔·盖茨也不曾料到。

"看来是白忙一场了。"鲍尔默失望地说。

盖茨耸了耸肩，摆出了一个"随他们去吧"的姿势。

（四）

比尔·盖茨和鲍尔默本以为事情就此结束了，没想到几天以后，峰回路转。经过细致的考察和对比，IBM最终决定选择微软公司作为他们的合作对象。

8月21日，IBM公司的代表萨姆斯又来了。这次他比上次痛快多了，在签订完"保密协议"之后，他们和盘托出了自己的计划：

"比尔·盖茨先生，如果我们只是提交一份计算机的规格书，你们可不可以帮忙制造软件呢？我们想要你们开发出8位计算机存储器的Basic语言。不过时间有点紧，要在1981年4月前必须完成，你看可不可以？"

时间确实相当紧迫，在8个月之内编出适合IBM软件的Basic语言，还要提供Basic、Fortran、Cobol语言，对于只有十几个人的微软来说确实是难以想象的。况且还有更加棘手的问题摆在眼前，因为微软公司生产的Fortran、Cobol语言必须依靠CP/M操作系统才能运行。显然，这个操作系统不属于微软公司，而是数字研究公司的专利。要在这么短的时间内做出新的能够支持Fortran、Cobol语言的操作系统，几乎是不可能完成的任务。

比尔·盖茨虽然很想接下这个订单，但基于现实的考量，他还是选择了放弃，因此对萨姆斯说：

"我们仔细研究了一下，这个期限可能是我们所无法达到的。不过你们可以找我的一个老朋友，他就在加利福尼亚，是数字研究中心的基尔代尔教授。"

同时，比尔·盖茨还热心地给数字研究公司打了一个电话，说明一下情况，并将IBM公司的代表引荐给基尔代尔教授。

IBM公司的人没想到比尔·盖茨会如此大度。他们在与基尔代尔谈过之后，反而更倾向与微软合作；而基尔代尔教授也基于个人的原因放弃了这个机会。这样，事情兜了一圈之后又转了回来。IBM再次找到微软，强烈地表达了希望合作的意愿。

在这种情况下，比尔·盖茨答应与微软团队的其他成员商量一下。这是一个千载难逢的好机会，保罗说：

"我们可以冒一次险，从别家公司买来操作系统，然后进行必要的改造，这样会省去很多时间，而且我也打听到一个SCP—DOS的操作系统没准能行。"

比尔·盖茨决定放手一搏，如果接下这个大订单，公司就将进入一个全新的时代。既然机会两次摆在面前，就不能再放过了。

他们一方面答应与IBM公司进行合作，另一方面派出保罗去找SCP—DOS操作系统的开发者帕特森。保罗不辱使命，最终花了10万美元从帕特森手里买下了这个软件的暂时使用许可权。

取得许可权之后，比尔·盖茨和保罗、鲍尔默又马不停蹄地飞往佛罗里达的博卡拉顿，向IBM公司提交计划书。整整一天的时间，IBM公司的14位工程师对比尔·盖茨和保罗轮番轰炸，而比尔·盖茨的回答几乎无懈可击。

最后，实在没有什么技术上的问题了，对方工程师甚至问道：

"像你们这样的人，你们公司还有多少个？"

比尔·盖茨面露微笑地回答道：

"我们公司的每个人都比我出色，而我是公司里面学历最低的一个。"

IBM对微软的计划书十分满意。1980年11月6日，双方正式签署了合同。

这一事件也成为微软公司发展中众多的重要事件之一。与IBM的合作，使微软能够轻易地摆脱很多同级别的竞争对手，并且迅速脱颖而出。从此，微软与IBM公司也建立起了一种亦敌亦友的长期关系。

2008年，比尔·盖茨打算正式从微软退休，开始全新的生活，媒体对他今后的生活多有揣测。作为回应，盖茨和众多世界名流合演了一个短片来揭示自己的退休生活。他给美国总统奥巴马打电话请求参政，奥巴马说："你是哪个比尔？"他又给导演斯皮尔伯格演戏，结果斯皮尔伯格觉得他演得糟透了。最后，无路可走的比尔又找到U2的主唱，要求加入乐队，也被委婉地拒绝了……这部短片生动有趣，展现了比尔·盖茨幽默风趣的一面。

第十章　全力以赴

　　无论遇到什么不公平，不管它是先天的缺陷还是后天的挫折，都不要怜惜自己，而要咬紧牙根挺住，然后像狮子一样勇猛向前。

——比尔·盖茨

（一）

　　去过微软总部的人，都十分喜欢他们轻松的工作氛围和愉快的办公环境。而微软员工常说的话则是：在微软看不到不努力的人。

　　夜晚12点，当周围的办公大厦已经漆黑一片时，微软的办公室里依然灯火通明，大家仍在精力充沛地继续着白天的工作。这并不是硬性规定，而是出自员工的自愿自觉。

　　微软对员工衣着、喜好、种族等没有任何要求，唯一的要求就是要对工作富有激情。员工甚至可以白天趴在办公桌上睡觉，但工作的时候必须精力充沛。这种创新的力量让每个加入公司的人都充满了热情和斗志，并能从工作中得到无穷的乐趣。

　　尽管与IBM的合作机会难得，但为了这个机会，微软的小伙子们也吃尽了苦头。因为合同规定要严格保密合作的任何细节，所以在长达一年的研发时间内，参与研发的工作人员都不能回家；而且为了加快进度，比尔·盖茨和他的同事们甚至住进了西雅图国家银行大厦8楼的一间办公室里。这间办公室也经过严格的挑选，它位于走廊的尽头，长9英尺，宽6英尺，但却容纳了所有的技术人员。

IBM公司也具有监督的责任，他们对这些拼命工作的小伙子们进行了封闭式管理。为使一切有关"象棋计划"的资料文件不被泄露，IBM公司甚至还为微软安装了一种专门的保险箱。

此外，他们还提出在天花板上装铁丝网的过分要求。这样俨然像监狱的举动虽然被比尔·盖茨拒绝了，但大家还是心有余悸。

屋内没有窗户，也没有空调设备，随着夏季的来临，室内气温高达38℃，唯一的通风处就是门，但又不允许随便开门。这样严苛的办公环境对于平时散漫惯了的微软小伙子们来说，无疑是一种巨大的考验。两家公司截然不同的管理风格也显露出来。

不同于微软自由轻松的工作氛围，IBM一贯以严谨务实而著称，自然他们也把自己的这种态度带到了此次合作中来，时不时地会派工作人员过来进行所谓的安全检查。

为了大家能好受点儿，微软也采取了"变通"的方式。平时检查人员不在的时候，他们就敞开房门，并派一名工作人员把守。一旦发现检查人员来临，就马上关上大门。但这样的变通也不是时时有效，有一次被抓了个正着，立刻受到了警告。

为了加快进度，两家公司之间也加强了联系。在相距4000英里的西雅图和博卡拉顿之间，每天除了邮件往返不断外，还建立了一条电子通信系统。比尔·盖茨还不时地出差去博卡拉顿。

在这些日子里，微软所有的员工都在为这个前所未有的项目倾尽全力，比尔·盖茨也养成了在飞机上睡觉的习惯，这样他就能节省更多的时间用来工作。

看得见的表面困难都可以解决，而最难以预料的困难却不好立刻解决，这样的困难多半来自微软的合作方IBM公司。IBM给微软的期限本来就十分有限，又因为庞大的人员构成，各部门之间的协调需要时间的周转，本来答应一周之内就能将样机交付给微软，结果拖了整整一个月的时间，这令微软的工作时限又被迫压缩。

（二）

样机交付之后，微软以为这下可以安心工作了，但不久又发现老是出现各种千奇百怪的问题。因为这个样机也是仓促完成的，并没有经过系统测试。这些问题不断折磨着微软员工的神经。大家起初并没有发现问题所在，一直以为是软件的问题，只能又临时调来了一个程序员来开发这个程序。

问题仍然没有解决，还是状况连连。多方查找之后，大家才一致断定可能是样机的问题，因为温度过高导致样机运行不稳定所致。

这样的结论让大家都很泄气，言语的沟通又一时无法说清事情的原委。1981年1月5日，比尔·盖茨联名公司员工写信给IBM公司说明目前的困境。信中这样写道：

……几个星期以来，微软公司的工作人员勤奋工作，在贵公司送来的个人计算机样机上安装了新设计的操作系统。起初硬件运行是正常的，令人满意，但不久之后就出现了不稳定现象。贵公司的工程师认为问题出在样机上，可能是由于计算机工作时产生热量，使一些地方发生了接触不良的现象……

为了在计算机上安装合适的操作系统，我们不得不花好些时间来查明问题是出在硬件上还是软件上。我们就这样浪费了许多时日。虽然如此，我们还是很可能在1月12日前完成预定的DOS和Basic—86的开发，不过，我们再也不能浪费时间了……

这份充满辩白和怒气的信件迅速得到了回复。在当年的感恩节，微软收到了IBM送来的一台新样机。

微软的工程师鲍勃·奥里尔立即展开了新的工作，但很快新的问题又出现了：IBM新样机的基本输入和输出系统不能把数据输入64K以上的位置，否则就死机。

直到4月，鲍勃才发现这个问题，IBM又派新的工程师到西雅图解决问题，这样又使微软公司的软件研发减少了整整两个月的宝贵时间。

而IBM应当提供的游戏杆控制卡直到2月才送到，Basic的开发进度再次受到了一些影响。不仅如此，1981年3月初，IBM的代表同微软公司会谈，讨论如何提前软件的交货日期，他们还提出了一个新的日程表。被形势所迫，微软公司又同意了这个日程安排，但强调如果IBM公司提供的硬件不可靠，他们也难以按日程安排交货。

操作系统的问题解决之后，剩下的就是对Pascal、Cobol、Fortran等语言进行转换了。这是一项十分繁琐的工作，需要做大量的演算，而时间又如此紧迫。虽然大家加班加点，但对能否如期完成这些工作，其实比尔·盖茨的心里也没底。

只是箭在弦上又不得不发，大家只能拼命地抢时间。机器整日不停地转动，大家轮流在那张破旧的沙发椅上休息。比尔·盖茨更是夜以继日地工作，有时候几天不睡觉，眯个几十分钟之后，又开始全力以赴地工作。

他们就像突然从地球上消失了一样，没有任何消息，连每年冬天的固定滑雪项目也取消了，去佛罗里达州肯尼迪角参观航天飞机发射也差点成为泡影。幸好在大家保证能按期完成工作的前提下，比尔·盖茨才答应了这个要求。

（三）

1981年4月初，微软公司终于按期完成了与IBM的合同。7月，IBM公司正式通知微软，将在下月初发布新一代个人计算机诞生的消息。虽然操作系统仍需要改进，还没有完全胜利，但这个消息已经值得庆贺了。公司全体人员欣喜若狂，人们拥抱、握手，并来到西雅图一家豪华酒店庆祝这一盛事。

这一次合作其实是双赢，微软公司取得了预想的大订单，扩充了自己的实力。而IBM也接纳了比尔·盖茨的两个至关重要的建议，一个是处理器，IBM设计组设计制造的第一台个人计算机使用了16位微处理芯片8086。这是一个非同小可的跃进，使个人计算机从玩具水平提高到了作为商业工具的应用水平。

另一个建议是采用开放式的设计，揭开技术秘密，让其他公司可以仿制，从而建立起一个新的个人计算机标准。这一建议源于比尔·盖茨早年间的亲身体验，如果当初能技术公开，他和保罗编程的时候就不会那么不得要领地费力啃说明书了。

而这样做也是利弊均有，它会使微软失去技术领先的优势，因此这一点建议的提出让微软的很多员工都无法理解。如果一个以生产软件为生的公司主张公开软件的秘密，那么就意味着它自寻死路，让其他的竞争者跟它处于同一级起跑线上，自己的产品也必然失去市场竞争力，而自己只能不断地研发出新的产品，与其他厂商竞争。不论从哪一方面来看，这都是一笔不划算的买卖。

但比尔·盖茨的高明之处也正在于此。他想要得到的更多，他不仅仅看到生产软件的眼前利益，还想要占领更广大的市场，甚至想让微软的产品成为行业标准。现在正是一个很好的时机，IBM拥有如此广阔的市场，它会使微软的产品蜚声海内外。这样良性的竞争更有利于软件业的整体发展，新科技的竞赛也会让微软更有作为。

关键是比尔·盖茨对自己的微软团队十分有信心，他相信他们是最棒的。而他提出的建议对IBM并没有任何的损失，IBM自然也是欣然同意。

虽然合作大功告成，但比尔·盖茨仍然心悬一线，因为他并不能确保微软所设计的MS—DOS操作系统能够被IBM使用。为了确保万无一失，IBM公司并没有选定微软作为唯一的合作伙伴，它还同时选用了三个公司的操作系统作为备用。这也是IBM的一贯做法，因为IBM产品众多，各自都有不同的一套体系架构。

微软公司当然希望他们最终能选用自己研发的MS—DOS系统，这样一来，不仅能使MS—DOS在质量上比其他同类产品略胜一筹，还能帮助其他公司编写以MS—DOS为基础的软件，并能够做到让MS—DOS在价格上有最大的竞争力。仅以60美元出售这个系统，而以175美元出售其他两个系统。

微软的努力最终赢得了回报，IBM最终选用了MS—DOS作为新计算机的操作系统，并给它命名为PC—DOS，即个人计算机Personal Computer的英语首字母缩写。MS—DOS销路大畅，购买者众多，微软公司的策略大获成功。

对于大惑不解的保罗·艾伦，比尔·盖茨解释说：

"我们的目的不是要直接用MS—DOS赚钱，而是要以出售MS—DOS的特许权来赚钱，有的计算机公司想要提供或多或少与个人计算机兼容的机器，我们就把MS—DOS的特许权出售给这些公司。IBM可以免费使用我们的软件，但它对未来的升级版软件并不能享有独占使用权和控制权。"

比尔·盖茨的做法显然是富有远见的，但还有一个隐患需要解决，那就是SCP—DOS软件问题。为了急于谈成合同，保罗与SCP—DOS的设计者帕特森签订了一个版权的不完全转让协议。而这是一次失误，因此，西雅图计算机公司仍然保留着将这个软件转让给其他公司的权利，这也始终成为微软的一个隐患。

幸好保罗·艾伦是这家公司的老熟人，于是，比尔·盖茨就让保罗给西雅图计算机公司的老板布洛克写信，说微软公司希望得到SCP—DOS的完全转让权，好全面对付数字研究公司。

这自然是一个借口，布洛克并不认为SCP—DOS操作系统有那么重要，但这正是他大赚一笔的好机会。他想了想，就答应与比尔·盖茨签署协议。但当他看到微软公司的律师草拟的文本之后，才知道是要求他出售这个软件的专利权。

微软公司要求拥有软件的所有权，而西雅图计算机公司可以继续使用这个软件，而且今后还可以免费使用它的升级版本。布洛克觉得这个条件并无不利于他的地方，因此也十分痛快地签订了合同，并获得了5万美元的补充付款。

比尔·盖茨从小就不修边幅，母亲玛丽为了改掉儿子的这个习惯尝试了各种方法，她甚至为盖茨制定了一周着装计划，周一上学要求他穿蓝色装，周二改绿色，周三改棕色，周四穿黑色……即使这样，小盖茨仍然邋里邋遢。玛丽没办法，最后也只得任其自由发展。

第十一章　保罗的离开

永远不要在背后批评别人，尤其不能批评你的老板无知、刻薄和无能。

——比尔·盖茨

（一）

1981年8月12日，信息产业行业巨头IBM公司发布了第一台个人计算机，并在纽约展出了第一台样机，这台机器被称为IBM 5150。它看起来像个米色的"大盒子"，售价1565美元，拥有16K的内存，可以使用盒式录音磁带来下载和存储数据，还配备5.25英寸的软件盘驱动器。

这是信息行业的一记重拳。对此，媒体迅速作出了反应，《华尔街日报》发表评论称：

"IBM公司全力以赴进入个人计算机市场，专家们估计这台'蓝色巨人'可以在两年内取得这个市场的霸主地位。"

两个月后，IBM公司的个人计算机开始全面出售。它的硬件无形之中领导了计算机领域，成为这个领域的标准。IBM公司在开发此款产品的宗旨上简明扼要地指出：它不仅仅是将计算机卖给计算机爱好者，而且要在各个工作场所都可以看到它们的身影。

一年后，IBM 5150售出了1.3万多台计算机，用户们对它的反应十分热烈。实力雄厚的惠普、数字设备公司、施乐公司等在IBM浪潮的推动下，也开始纷纷让位，就连苹果公司新开发的电脑也败下阵来。而微软公司的系统也随着IBM 5150的销售业绩为更多的人所熟知和使用。

接下来的挑战也不断出现。IBM公司表明态度：欢迎外界的加入，并完全公开产业标准的规格，以便那些希望为个人计算机开发附加卡的公司有所依据。

IBM公司还愿意同别人一起讨论软件的开发问题，同时也鼓励自己的员工利用业余时间开发软件。为了加入这场竞争，微软公司又对已开发的软件MS—DOS、Basic、Fortran、Pascal进行升级。

而此时，比尔·盖茨终于有理由说出他久藏于心中的那句话：

"让我来建立这个行业标准吧。"

微软公司憋足了劲儿要大显身手，可其他公司也不甘落后。微处理公司首先成功地开发出一套编辑软件，名为"文字之星"；接着，可视公司又开发出一种个人财务软件，名叫Visicalc，同样备受各种推销商和财务人员的推崇。

"文字之星"推出后，销售量巨大，为微处理公司赚来了滚滚财源。它迅速占领市场，成为大多数办公用和个人用计算机的必备品。

而一时间Visicalc也成为最走红的管理必备软件，尤其受到全世界管理人员的欢迎，个人计算机也因它而得到了进一步的普及。

比尔·盖茨清楚地看到，如果微软公司不能战胜"文字之星"和Visicalc，那么自己的市场就会被抢夺瓜分掉。摆在微软公司面前的任务，就是尽快开发出一种软件，不仅可以在CP/M操作系统、苹果操作系统上使用，而且可以在IBM—PC上使用。

（二）

正当比尔·盖茨想在应用软件上大展拳脚时，一个意外的打击向他袭来：保罗·艾伦要离开微软。这与正常的工作调动不同，也不是有别人高薪来挖墙角，而是永久地离开。这样的离开不仅让比尔·盖茨不知所措，就连保罗自己也感到十分意外。

1982年9月的一天，保罗正和同事们在巴黎从事商业活动，突然感觉有些不适。他以为自己是在发烧，并没有太在意，找了点感冒药吃完就挺过去了。

等到巴黎的工作一结束，保罗又马不停蹄地回到西雅图。几天后，他突然发现自己的脖子上长了几个硬硬的肿块。这时保罗才感觉到情况有些不对，便到西雅图最好的医院进行了身体检查。检查的结果是保罗患上了淋巴瘤，医生建议他做两个疗程大概5个星期左右的X光理疗，并要求保罗多注意休息。

保罗心中的石头终于落了地，但紧张的工作让他根本无法停下来。理疗一结束，他就又投入到繁忙的软件编程中去了。

到1983年3月，在DOS2.0开发出来时，保罗的身体已经不允许他待在高强度的工作环境之中了。他时不时地感到头晕、疲倦，而淋巴瘤的复发又令他的病随时都有癌变的危险。保罗很清楚，为了身体，他只能告别微软。

这个决定让保罗非常难过。微软从建立之初到如今所经历的8年的风风雨雨，保罗已将自己完全融入到这个从婴儿成长为少年的公司。这里有太多的酸甜苦辣、太多的人生滋味让他不忍心。

舍不得离开的，还有他关于计算机的梦想和与他共同奋斗的这帮朋友兼知己。尤其是比尔·盖茨，这个与他少年就相识的玩伴，这个自湖滨中学就因计算机而结识的朋友。盖茨也是，他也不忍心让保罗离去。他说过：

"当我还是少年时，保罗·艾伦就教我许多有关电脑硬件的知识，并鼓励我建立信心，并且押注在微处理器上。我很幸运，在我年纪轻轻时他就发现了我的兴趣，而令我如此着迷，至今仍是如此。"

失去这个一路陪伴自己的温柔、大度而充满包容之心的兄弟，比尔·盖茨也感到十分难过，不知道还有谁能这么容忍自己多变的脾气和暴躁的性格。

临别的时候，保罗强忍着泪，拥抱了比尔·盖茨，并用力在他肩膀上拍了几下。比尔·盖茨也紧紧地抱着他。他当然舍不得保罗离开，可在健康面前，所有的事情都是微不足道的，他只能强忍着泪水让保罗离开。他知道自己不能这么自私，为了事业让自己的朋友冒险，置他的健康于不顾。比尔·盖茨一字一顿地说：

"董事会永远会有你的位置。以后有什么问题尽管找我。"

保罗的疾病和离开给了比尔·盖茨很大的打击。毕竟，保罗一直是他的精神支柱。当年，也是保罗用坚毅和执著等待盖茨离开学校开始创业，他甚至放下自己在西雅图优厚的薪金待遇，跑到盖茨所在的城市工作。如果没有他的坚持，如果没有他日复一日地与比尔·盖茨重复着他们共同的梦想，也成就不了比尔·盖茨日后的辉煌。

还记得8年前，他们创立微软之初的兴奋之情；还记得他们彻夜长谈，为了共同的目标而兴奋不已；还记得在比尔·盖茨最困难的时候，保罗总是首先挺身而出，帮助他解决难题。

在与公司其他员工发生争执时，比尔·盖茨常常无法控制自己的暴脾气，这时保罗总是用他的温厚和宽容化解怨恨，让大家依然亲如一家，充满激情地工作。

但保罗又必须启程，他开始寻找人生的另一番风景。他知道自己必须放弃计算机的梦想，幸好他还有其他的梦想要去实现。他要去完成它们，趁着自己还有时间。

保罗不同于比尔·盖茨，他是一个生命体验十分丰富的人。与强势的盖茨不同的是，他更加注重内心的体验。

保罗是一个超级球迷，从来不放过西雅图超音速队任何一场的NBA比赛。而且有时候，他除了工作之外更喜欢拨弄几下吉他，或者看几页科幻小说。他也很喜欢与家人一起分享家庭生活的温暖。

离开微软之后，保罗与家人朝夕相处，并开始环游欧洲大陆。当他放下名利之心，反观自己的心灵世界时，他的病竟然慢慢地好转了，而且再也没有复发过。自此，他开始照顾母亲，并从事其他领域的投资，余生用来享受生活，并乐在其中。

而比尔·盖茨也遵循着自己的承诺，让保罗始终占有微软的股份。哪怕在后来微软上市之后，他也仍然保留着公司仅次于比尔·盖茨的股份。这一切都是比尔·盖茨对这个"老功臣"加"老朋友"的最好回报。

（三）

保罗·艾伦的离开让比尔·盖茨意识到了员工的重要性，他开始更加重视员工在公司中的主导地位，并提出了"微软存在必须依靠员工想象力"的口号；而且他广纳贤才，改善工作环境，以便员工能够在更加轻松的氛围中更有效地工作。

与此同时，比尔·盖茨也没有忘记自己试图确立整个软件行业标准的宏伟愿望。在操作系统上，他已经遥遥领先了，而此时需要的是更全面的发展。这一次，比尔·盖茨将目光锁定在应用软件上。

"在这里，我们也能成为标准。"盖茨面对数以百计的员工，雄心勃勃地说道。

比尔·盖茨的强势让他倾向于暴风骤雨般地抢占市场，这次也是一样。他想象着自己像拿破仑一样无往而不胜，他要带领微软团队进军应用软件市场，但这次战斗却打得异常艰难。因为，微软属于后来者。

在三年前微软致力于系统软件开发的时候，应用软件的许多先行者已经领先一步了。等微软在系统软件上站稳脚跟，比尔·盖茨才发现应用软件这一领域已是枝繁叶茂、大树庇荫，要从其中分得一杯羹谈何容易，何况比尔·盖茨想要的不仅仅是一杯羹。

通过周密的市场调查，比尔·盖茨相信应用程序是以后的发展方向。随着家庭电脑越来越普及，人们对它的需要也会越来越多。比尔·盖茨经过缜密的思考，决定将"可视"作为第一个靶子，全力出击。

这项任务至关重要，需要托付给一个可靠的人。比尔·盖茨思虑再三，把这个艰巨的任务交给了查尔斯·西蒙伊，这个新加入微软团队的年轻人。

西蒙伊与比尔·盖茨有着相似的经历，也对计算机技术狂热热爱，并勇敢地投入到这场洪流中来。

西蒙伊比盖茨大7岁，1948年出生于匈牙利。他的父亲是当地优秀的电气工程教授。在父亲的耳濡目染之下，西蒙伊很小就接触到计算机。但匈牙利的计算机设备相当落后，他学习编制软件的机器还是一台俄国制造的老式电子计算机，笨重无比，足有一座房子那样大。而这台名为"乌拉尔2型"的计算机，竟然是匈牙利全国仅有的几台计算机之一。

但是，落后的技术并没有掩盖西蒙伊的才华，他还将自己设计的软件卖给国家。

在18岁那年，西蒙伊又将一套软件送给丹麦代表团，那些代表团是来匈牙利参加一次国际贸易洽谈会的。这也使他有机会受聘于丹尼西公司，离开匈牙利前往丹麦工作。几年之后，西蒙伊开阔了眼界，并深知自己掌握的计算机技术十分有限，便又来到美国加利福尼亚大学的伯克利分校深造学习。

1972年，26岁的西蒙伊一边工作，一边攻读博士学位，还加入了施乐公司，并在研究中心做出过不少引人注目的成绩。

这个研究中心与斯坦福大学合作，研究出一种新工具——鼠标。而西蒙伊对鼠标非常熟悉，他研制的供施乐公司的阿尔托计算机使用的字处理程序，就是第一个用鼠标的软件。他把这个软件叫做WYSIWYG，也就是"所见即所得（What You See Is What You Get）"这句话的首字母缩写。

第十二章 所见即所得

> 我不是教育家，可我是学习者。而我的工作最让我乐此不疲
> 的一点就是，我的四周环绕着其他热爱学习的人。
>
> ——比尔·盖茨

（一）

西蒙伊与比尔·盖茨的相识非常有趣。在一次软件行业大会上，他们不期而遇，相谈甚欢。谈话不到5分钟，西蒙伊就决定放弃施乐公司的优厚待遇加入到微软工作。因为对一个软件开发者来说，最大的鼓励就是将他研制的成果转换为市场产品，让越来越多的人使用。而施乐公司涣散的销售队伍和滞后的产品生产模式让西蒙伊的许多心血都腹死胎中；相反，微软的活力正是他所欣赏和向往的。因此，西蒙伊与比尔·盖茨双方一拍即合。

比尔·盖茨也十分欣赏西蒙伊的能力。在西蒙伊来上班的第一天，他亲自迎接，并陪同西蒙伊仔细参观了整个微软公司，把公司的情况毫无保留地向西蒙伊作了介绍。

加入微软后不久，西蒙伊就发现自己的选择是多么正确，他也很喜欢比尔·盖茨这个老板。比尔·盖茨从来没有架子，对于自己掌握的知识总是乐此不疲地告诉别人，而且对工作充满激情。即使几天几夜不睡，他仍然能精力充沛地投入工作。公司里也没有等级之分，大家亲如一家，与施

乐公司那种死气沉沉的工作氛围形成了鲜明的对比。

西蒙伊还记得自己去施乐公司提出辞职时，施乐公司同事那种惊讶的表情，他们甚至以为他在开玩笑。当他说自己是十分认真时，公司的同事又极力劝阻他不要走错路，微软那么小一个公司算什么？为什么放弃在"世界上最好的研究实验室"工作的机会，而愿意去同"那些孩子们"一起干呢？

西蒙伊没有解释太多，他觉得即使自己解释他们也不会理解的。他要去开创一番事业，而不是乐享拥有一个人人羡慕的稳定工作而不求进取。

在决定让西蒙伊开发微软公司的应用软件之后，比尔·盖茨迅速对他委以重任：任命他为应用软件开发部主任。

在任命当晚的庆祝酒会上，比尔·盖茨还表达了这样的希望：今后，要使应用软件对微软公司的贡献超过操作系统。西蒙伊自然知道这项任务的艰巨，他用力地点点头，并喝下了这杯代表责任的酒。这标志着以西蒙伊为首的开发小组正式成立。没过多久，西蒙伊就交出了一个良好的成绩单。

他们首先完成了一种名叫"多计划"的软件设计。这是一种超出以往的全新尝试，这种使用方式一直影响至今：这就是著名的"菜单"方式。

在"菜单"发明之前，计算机的使用者为了开启软件的某一功能，必须输入一些指令。这是一项十分麻烦的事，而且常常出错。一旦打错一个字母，就需要重新输入。尤其对于非专业的计算机人员是十分困难和不便的，因为你无法直观地看到所有你所需要的指令，你必须记住那些指令。而且一旦指令出错，你也不知道到底哪里出了问题。这些指令在执行的过程中是否正常，也难以直观地显现出来。

这些都是"界面不友好"的表现。而西蒙伊的"菜单"模式完全改变了这一点，让界面变得更加人性化。简而言之，就是更加便于操作，因此也更加友好。

（二）

当西蒙伊刚刚提出"菜单"这个新名词时，同事们都捧腹不已，他们笑着说：

"这不像是一个软件设计，倒像是餐馆的某种服务。"

"对极了，要的就是这种服务。"西蒙伊接着大家的话茬继续说下去，"我喜欢举餐厅的例子来说明什么是菜单。假如我到一家法国餐厅吃饭，但我不会说法语，对四周的环境也十分陌生，心里忐忑不安，害怕出洋相，非常紧张。这时来了一位女招待，用法语向我打招呼，我会突然感到两手冰凉。我想各位应该都有这样的体会吧？

于是我设想，如果一名会计坐到计算机面前的时候，他是不是也会产生这样的感觉呢？怎么办？如果面对这样的尴尬呢？这时，假如有人给我一份菜单，那就好了。我可以指着菜单点菜，这不会有错，即使我点的不是我想要的东西，也许我最后一道菜点的是蜗牛，也不至于使我尴尬。

但是，设想一下，假如你进了一家法国餐厅，那里却没有菜单供你点菜，你得用法语告诉女招待你想要什么，那就麻烦了。在计算机的程序方面，情形也是一样的。你必须要有一份菜单。菜单是友好的，因为使用者知道他要选择什么，只要用鼠标在那个位置上点一下，就能选出他所需要的东西……他不必乱发命令。如果乱发命令，就可能出错。"

不过，西蒙伊的这个出奇的设计在当时并没有立即迎来市场的有效反馈，甚至有些报社记者还嘲笑西蒙伊的异想天开。正如任何新事物都需要一个适应的过程一样，比尔·盖茨并不着急，他有条不紊地按照自己的打算开展下一步的计划。他相信，更多的事实很快就会证明"菜单"的强大功能。

1982年春，比尔·盖茨打算将这套软件交给IBM公司。但是，IBM对此并没有引起足够的重视，它仍然继续大力推广MS—DOS版的Visicalc。

8月，比尔·盖茨按照约定又将这套适合苹果公司运行的多计划软件的第一版推出，过了不久，又发行了CP/M版。比尔·盖茨又对外宣布，任何人只要会使用计算机，就能够使用这套多计划软件。敏锐者已经从中嗅出了其他的味道：他是在宣布现行的Visicalc和Supercalc即将被逐出市场。

1982年10月，随着苹果公司对该系统的良好反馈，IBM公司也注意到了这个新动向。他们立即与比尔·盖茨接洽，也相继推出了装有多计划软件的计算机。计算机一问世，IBM的强大影响力就立刻显现出来了。

报界再一次迅速做出了反应。《软件评论》杂志把它评为同类产品中的最佳选择，说它易学易用、功能强大。该杂志还说：

"多计划软件似乎是专为取代Visicalc软件的位置，为独领市场风骚而设计的。"

另外，他们还说它"拥有全部必需的性能"。

几乎与此同时，《世界信息》周刊也将这个软件列为"年度最佳软件"。这一切都让比尔·盖茨感觉十分得意。

（三）

幸运总是接踵而至的。早在一年前，美国新闻界曾经做过一项调查，了解人们是否希望在不久的将来拥有一台家用计算机，结果80%的人都有这个愿望。

当时有人作了一个大胆的预言，说到20世纪末，全世界个人计算机的拥有量将达到8000万台。这个预测而今看来过于保守，但也可见当时计算机的浪潮几乎已经席卷了每一个美国人。

具有50多年历史的美国新闻周刊《时代》每年都要评选出一位新闻人物，作为前一年的总结，这一总结也反映着世界上变化万千的时代风云的动向。上过《时代》封面的伟人不胜枚举：罗斯福、丘吉尔、里根、邓小平……这些伟人不是政要，就是卓有建树的科学巨匠。而1982年年末的《时代》周刊评出的"新闻人物"却有些出人意料。它并不是一个人，而是一台机器，一台微型电子计算机。

杂志的主编奥托·弗雷德里奇先生对这位"封面人物"作了别出心裁而又热情洋溢的介绍：

> 在整整一年的新闻之中……最有意义和最吸引人的话题并非一个单独事件，而是代表了一个发展进程，一个不断发展并且被广泛接受的、备受欢迎的进程。同时，这个进程还影响到其他各个领域，它创造了一个新的历史。所以，《时代》在当今风云激荡的世界中选择了这样一位新闻人物。当然，它并不是一位什么人物，而是一台机器，一台个人计算机。

奥托在文章中也提到了电脑发展过程中困扰着比尔·盖茨的一些事实：

> 计算机用户数量的疯涨，对软件的需求自然急为迫切。用户需要更多更好的软件，以适应各种不同的环境和要求。没有软件，计算机只是一个摆设；软件不丰富，计算机也无法发挥它的威力。由于软件开发的滞后，计算机的使用范围受到很大的限制，人们购买计算机的热情自然也就被局限了。计算机，只有当它具有更多的功能、具有更强大的用途时，才能拥有更多的消费者。

在此前的一次采访中，比尔·盖茨也提到了同样的担心：

"我们没有对软件的标准和质量进行严格的管理和控制，我曾买到过根本不能用的软件……尽管现在有许多软件出现，但大多令人悲哀。"

作为最有作为的软件公司的老板，比尔·盖茨也坦言了自己的打算：

"两年之后，我们要推出在各方面都能真正满足消费者需要的软件。现在的软件太糟糕，太难使用，而且缺少很多的性能。不过，这一切正在得到改善。"

1982年，27岁的比尔·盖茨登上了《金钱》杂志的封面。虽然他看起来略显青涩，但他的目光却敏锐而执著。他再不是那个初出茅庐的青年，而今的比尔·盖茨更加成熟、老练，他已经可以面对记者侃侃而谈，他的商业理想也正在向他一步步靠近。

→ **比尔·盖茨在休闲时是个童趣十足的人。2008年8月7日，他带着家人来北京观看奥运会。在此之前他接受媒体采访时说："如果打赌的话，乒乓球比赛我赌中国获胜。如果是篮球，我赌美国能赢。"在观看奥运会开幕仪式时，比尔·盖茨为了逗趣孩子们，竟然学起鸽子飞翔的动作来。**

第十三章　绝地反击

　　生活不分学期，你并没有暑假可以休息，也没有几位雇主乐于帮你发现自我。自己找时间做吧。

——比尔·盖茨

（一）

　　多计划软件的成功为西蒙伊赢来了荣誉，但很快，一个不小的打击也随之而来——一个名不见经传的小公司生产了一款软件，并迅速占领了电子表格的市场。这点让比尔·盖茨也感到有些始料未及。

　　这家成立于1982年的莲花发展有限公司（Lotus Development Corp）推出了一款Lotus 1—2—3，在新一届的计算机展览会上独占鳌头。连比尔·盖茨也不得不承认，它的确比VisiCalc要强大得多。这款软件增加了多种功能，同时还将表格计算、绘图、数据库分析等功能集于一身，而且它的兼容性也是一流的。

　　很快，它就取代了微软所开发的多计划软件，在IBM及其兼容机系统上得到了广泛的应用，风行一时。这让西蒙伊感到失望极了，但比尔·盖茨并未灰心，而是鼓励西蒙伊继续研发，并在多计划软件的基础上进行改进，增加一些新功能，以吸引顾客。

　　经过几个月的努力，西蒙伊所研发的扩大版终于问世。它具备了教学程序，使用者可以利用这个程序学习如何使用。但即便如此，它还是赶不上Lotus 1—2—3的销售量。

1983年元月，Lotus 1—2—3软件独霸市场。到80年代末，它已经累计销售500万套，创下了一个难以突破的记录。

这次失败给比尔·盖茨带来了巨大的压力。他知道软件行业的确是卧虎藏龙，而Lotus 1—2—3也不是短期之内开发出来的，莲花公司必然投入了相当大的人力物力才把它打造成自己的拳头产品，这不是微软一时半会儿能够取代的。

想到这一点，比尔·盖茨便不再急功近利地抢占市场了。他开始组织研发团队不断改进自己的电子表格软件，同时转战欧洲市场，开发其他的应用软件。

1983年9月，比尔·盖茨召集微软顶级的软件专家在西雅图的红狮宾馆召开了3天的"头脑风暴会议"。盖茨宣布，此次会议的宗旨就是要尽快推出世界上最高速的电子表格软件。

此后，微软一直紧跟时代潮流，试图赶超Lotus 1—2—3。而莲花公司显然没有一个如比尔那样野心颇大的领导者，他们反而坐在功劳簿上固步自封。

经过两年的研发，1985年，微软的第一款Excel诞生。它适用于苹果公司的Mac系统，中文译名为"超越"，可见比尔·盖茨赶超Lotus 1—2—3的雄心和霸气。

但是，这种"超越"直到1987才得以实现，并随着新一代的Windows系统而诞生升级为Excel。而莲花公司没有跟上这个潮流，迟迟没有推出适应Windows系统的软件。

1988年，微软的Excel彻底打败了Lotus 1—2—3，成为电子表格软件的霸主，直至今日。但是，比尔·盖茨从未掉以轻心，即使2010年微软推出了Excel2010，他也始终没有忘记做到与Lotus 1—2—3的兼容。

虽然这些都是后话，但从此处完全可以看出比尔·盖茨那追求卓越、不断进取的精神已贯彻到微软的产品中去了。

（二）

1983年，比尔·盖茨一面派人紧盯电子表格的市场，另一面适时地暂避锋芒，选择开拓新的市场。经过深思熟虑，比尔·盖茨选择了微处理公司的"文字之星"软件作为突破口。

"文字之星"是微处理公司的一款经典软件。它由MicroPro开发于1979年，截至1982年已售出100万套，可见这块市场非常巨大。但经过多方研究，比尔·盖茨发现这款软件有太多的缺陷。

最重要而直观的就是操作太复杂，用户至少要记住30—50个操作键和复杂的排版规则才能比较熟练地编辑文本。为了使用它，用户每次都必须同时按下几个键的组合，还需要不断地翻阅用户手册才能够解决一些输入问题。

这些缺点无疑都是致命的。只要微软能够研发出新的、好输入的软件，"文字之星"必将很快被取代。

针对"文字之星"的这些弱点，微软团队设计出了一款全新的软件，它不仅具有友好的图形界面，还采用了鼠标，让用户易于操作。

此外，它还添加了对输入文字的修改、编辑、存储功能，大大减轻了文字工作者的劳动，节约了时间，也提高了工作效率。

1983年4月，在亚特兰大展示会上，成千上万的观众见识到了这款被称为微软Word 1.0版的软件。为了将来"收编"MicroPro"文字之星"的用户，这款产品还与"文字之星"相互兼容。

报界迅速做出反应：《哨兵之星》杂志记者认为在他所试用的10多种文字处理程序中，微软的Word 软件是最优秀的一套软件，甚至让他不再使用他以前喜爱的"文字之星"。

本来比尔·盖茨想给它起名叫"多文件（Multi File）"软件，但这个商标已经被人注册了。微软负责产品推广的罗兰·汉森觉得短小精悍的名字更容易让人记住，他说：

"就用微软好了，就称它为微软Word。"

这样带上微软标识的软件更有利于提高品牌实力，比尔·盖茨觉得这个主意好极了。此后多年，微软所推出的office办公软件系列产品都是用微软作为命名的抬头，既不与其他公司的软件相冲突，又有利于微软的品牌推广。

"文字之星"的老板鲁宾斯也看到了Word1.0的成功，他也是个软件老手，以前还与比尔·盖茨交过手，并且擅长谈判，连比尔·盖茨都败下过阵。

因此，此次微软的新产品发布虽然反响强烈，但鲁宾斯并没有将它放在眼里。因为他也看出Word1.0虽然新奇，但一时半会儿根本没法超越成熟的"文字之星"。

鲁宾斯的这一点判断十分准确，但他却不知道比尔·盖茨的能耐就在于他可以在最短的时间内超越对手，而且在推出新产品后不久就会不断改进产品，想方设法满足用户的需求，不断提升产品的品质。

就在鲁宾斯狂言地评价比尔·盖茨"总是错误百出，而且反复无常，他纯粹是靠运气，没有深谋远虑，没有想象力，也没有花招技巧"的时候，比尔·盖茨和他的团队已经开始进行下一步的营销计划了。

MicroPro的商业手法十分娴熟，而微软的薄弱环节就是销售服务体系。1984年5月，微软负责零售部门的新任副总裁杰瑞·拉腾伯走马上任。他发现接待用户、回复电话的只有两名女士，而多数用户的留言并没有得到及时处理。这让他意识到了问题的严重性，因此他迅速将客户服务部的人数增加到30名，相应的技术支持人员也增加到60名，以提高开发产品的速度和适应瞬息万变的市场。

1984年底，微软又接连推出了Word 1.1和Word1.15两个版本，并在当年圣诞夜开展了促销活动。

虽然如此，1985年初发布的一项全球文字处理软件销售调查报告显示，MicroPro的"文字之星"仍然排名第一，而微软Word还没有进入前10名的行列。面对这种境况，比尔·盖茨并没有失望，而是鼓励大家再接再厉。

（三）

美国市场虽然没有大的起色，但远在欧洲大陆的法国却传来了好消息。迈克尔·拉孔贝是那里的销售主管，他采用了最为原始但却很有效的促销方式：他和3名同事开着一辆载有几台电脑和一批微软Word软件的雷诺旅行车周游法国，对产品进行宣传促销。

他们夜间行驶，白天就来到当地，邀请当地的软件销售商到车上观摩微软Word软件的演示，有不明白的就逐一讲解给他们听。最后演示结束，他当场送给每人一套软件。

这样坚持不懈地行走了一个月，几乎走遍了法国大陆，订单也像雪片一样纷纷飘来。

在欧洲大陆，微软的Word首次超过"文字之星"占据了销售榜首。尽管鲁宾斯看到局势不利，立即亲赴欧洲安抚军心，但此时为时已晚。比尔·盖茨也赶到法国，在欧洲工业展会上与之相遇，鲁宾斯终于意识到后生可畏，败下阵来。

所谓祸不单行即指于此，MicroPro的核心研发团队恰在此时解体，一批核心程序员离开公司，成立了一家名叫New Star的公司，销售和"文字之星"相似的文字处理软件产品，与MicroPro唱起了对台戏，在MicroPro的客户群也开始变得不稳定起来。

这是一个千载难逢的好机会，微软依旧紧锣密鼓地研发Word的升级版本。1985年初，对"微软字处理"做出较大改进的Word2.0版面世。它能驱动惠普公司的喷墨打印机。此后，微软的字处理软件越来越占稳了市场。

无计可施的鲁宾斯正在想对策之时，AT&T公司找到了他，他们准备在自己的机器上配齐一些主流软件。因此，AT&T表示愿意出一大笔钱，让MicroPro开发出一种新版本的字处理软件。

鲁宾斯觉得这是一举两得的好事，他打算既赚到这笔钱又能靠这个产品打败微软，重新建立自己的霸主地位。但是，他显然估计错了形势。

由于AT&T产品采用的是UNIX系统，MicroPro本身并没有这方面的技术开发力量，鲁宾斯只能寻求外援。这时，软件界出现了一个程序员，他编了一个模仿"文字之星"功能的软件，而且该软件能在UNIX系统上运行。

鲁宾斯马上买下了他的软件，并把他招进公司，在原来的开发体系外又重新组织了一个团队，然后按AT&T的要求，对这个软件进行完善。

经过数月的努力，产品最终完成了。AT&T对这个产品比较满意，鲁宾斯也顺利赚到了这笔钱。

但是，这款新软件却并不是"文字之星"的升级，它拥有"文字之星"所没有的一些新功能，却又缺少老版本中一些人们所熟悉的功能。这个产品的开发思路与MicroPro的其他产品也不同，属于并行的产品。

鲁宾斯很无奈，微软新版本产品层出不穷，他只能把这个产品匆匆推上市并命名为Word Star2000，与老版的"文字之星"一同销售。

Word Star2000销售结果并不乐观，不但没有抢占微软的市场份额，反而还与"文字之星"抢占了份额，成了两个互不相容的产品。为此，公司内部发生了争执。尽管鲁宾斯召回了另立公司的开发人员，并最终开发了"文字之星"4.0版本。但是大势已去，励精图治的比尔·盖茨和他的微软团队不断让自己的软件稳步升级。1987年，微软公司在字处理软件市场已全面超过了MicroPro公司，成就了文字处理行业的霸主地位。

第十四章　微软视窗

> 你应该珍惜那万分之一的机会，因为它将给你带来意想不到的成功。
>
> ——比尔·盖茨

（一）

而今但凡使用电脑的人，对Windows这个词并不陌生。只要有PC的地方，即有Windows的存在。这个风行于世多年的操作系统，终于实现了比尔·盖茨纵横全球的愿望。如同任何一个新兴事物从小到大的传奇一般，Windows也经历了多年的巨变，起初它的样子简直可以用"不堪入目"四个字来形容。

1983年，在与"文字之星"的热战中，比尔·盖茨还想着自己所忌惮的莲花公司。无论如何，微软都要创造出比它更优秀的软件。比尔·盖茨深思着，一个新的计划在他的脑海中不断徘徊。

比尔·盖茨回想起1982年秋天那次令他震撼的计算机经销商博览会。除了莲花公司的Lotus 1—2—3软件之外，他还见到了苹果公司的图像综合软件系统，这实在是太不可思议了：它那高分辨率的图像、神奇的应用软件，都让比尔·盖茨感到耳目一新。

但最吸引比尔·盖茨的还是VisiOn，这是一款多任务叠加的应用软件。他非常喜欢这款软件的设计，连续让工作人员演示了三次。

这是图像公司推出的应用软件。他们设计的这些软件本来是打算用在苹果公司的麦金托什机上的，但自负的乔布斯显然并没有将其放在心上。

比尔·盖茨兴奋极了，他几乎不能遏制自己的激动，冲到自己公司的展台上，揪着一个经理就让他看看人家的产品：

"过来看这个! 过来看这个!"

他甚至直接打电话给西蒙伊，让他乘坐下一趟航班赶过来看。

但兴奋之余的比尔·盖茨又有些沮丧，因为这个系统已经开发出两年，而他却一无所知。此时，就像自己当年一样，图像公司想必也与IBM签订了秘密协议，让VisiOn软件成功地运行在IBM PC机上。比尔·盖茨知道自己的优势所在，而他最信奉的原则就是后发也要制人。

这次展销会让苹果公司也深受重创，因为人们更喜欢购买IBM的计算机来获得应用软件，这就让苹果公司的新机子根本没了销路。于是，苹果公司总裁史蒂夫·乔布斯找到比尔·盖茨，表示他们迫切需要一款新软件。共同的利益让乔布斯和比尔·盖茨自然而然地走到了一起。

此时保罗已经离开，比尔·盖茨只得自己担纲重任，亲自参与开发这个新软件。而他与IBM公司仍然有合作，微软需要与其合力开发出IBM公司的OS/2操作系统。比尔·盖茨不会错过这次赚钱的机会，但他也知道，开发图形软件才是目前他最需要迫切解决的问题。

为此，比尔·盖茨将大部分精兵强将都调配到图形软件开发小组中，只留下少数工程师与IBM洽谈研发OS/2操作系统。

图形软件开发小组成立之初，比尔·盖茨简明地将自己的构想告诉了大家：在MS—DOS和各应用软件之间插入一个管理软件，人们在使用应用软件时不必直接和操作系统打交道，而是通过这个管理软件来进行，而且要使用图像模式。软件包括下拉菜单和对话框，屏幕上要显示打印机等。

要求是抽象的，任务是繁重的，不知疲倦的开发小组开始了新一轮的征程。在刚刚开发之初，小组就遇到了重重挑战。尽管公司的研究人员全力以赴，但许多棘手的问题却不是人力所能为之的。在整个市场产品内存只有256K的情况下，运行多任务视窗是几乎不可能完成的任务。而微软虽然有少量硬件产品，但毕竟不是以生产硬件为主。因此，他们对此也是一筹莫展。

而此刻，竞争对手们也没有停止研发的步伐，所以尽管不知结局如何，微软的研发人员也只能迎难而上了。

（二）

1983年10月的一天，心急如焚的鲍尔默闯进了比尔·盖茨的办公室，大说喊道：

"糟透了！比尔，我们遇到了麻烦。"

比尔·盖茨沉着地放下手头的文件，用探寻的眼神鼓励鲍尔默继续往下说。

"我刚刚得到信息，有一家公司昨天突然宣布开发的一种类似图形界面的软件已经投放市场，最初的3万套订货正陆续送到用户手中。还听说，另外有一家新公司也在推出一种名叫DESQ的软件，其功能形式也与我们的软件相似。"

看到比尔·盖茨没有任何回应，鲍尔默又接着十分急迫地说道：

"你知道的，在此前，市场上已经有一个Wision在广泛流行。所以我担心，我们的新软件就算搞出来，也可能达不到预期的效果。"

比尔·盖茨站起身来，沉思了一会儿，然后一边踱着步，一边坚定地说：

"图形软件非搞出来不可。不要管别人怎么张扬，我们照干不误就行了。"

鲍尔默知道比尔·盖茨的执著，他接着说：

"可我们已经很拼命了，我怕赶不上其他公司的速度啊。"

这也是比尔·盖茨所担心的问题。面对这些如狼似虎的竞争者，比尔·盖茨知道谁最先掌握市场，谁就占据了先机。他轻轻摇晃着，慢悠悠地对鲍尔默说：

"史蒂夫，我看我们有必要铤而走险。是的，我们也来一个虚张声势！"

"你想怎么干？"

"开个新闻发布会，宣布新软件年底推出。"

"这几乎是不可能的！你真的有把握吗？"

"我们也不是第一次冒险了，铤而走险总比没有机会要好！"比尔·盖茨一如既往地露出了他那充满信心的微笑。

11月10日，微软在纽约举行了一次新闻发布会，比尔·盖茨在会上宣布：

"我们公司研发的包容DOS图形接口的微软视窗将于今年年底推出。我相信这是一场新的革命，……我相信，一年之后，90％以上使用MS—DOS计算机的客户都可以用到我们的视窗。"

比尔·盖茨的这一举动取得了预想的效果，这次发布会也成了当年年底最为热议的话题，人们热切地盼望着"微软视窗"的出现。

可是，提前预支承诺总是危险的，大话说出去几次都无法兑现就变成了爱说大话的骗子。视窗并没有那么快就研发成功，与公众约定的公布时间也一再拖延。每次到了规定的时间，比尔·盖茨都会不好意思地往后拖延。这时，好事儿的新闻媒体就会第一时间出来嘲讽，甚至有家媒体戏称微软公司推出的是"泡沫软件"。

1983年底、1984年2月、1984年5月、1984年8月……

销售部经理硬着头皮前往销售商处一家家登门道歉：

"不好意思啊，我们很快就开发出来了。再等等，马上了……"

比尔·盖茨也是心急如焚。他让新聘请来的琼·谢利出任公司总裁，自己专心研制微软视窗，因为他觉得自己目前最合适的岗位就是研发。而懂得管理的谢利也看出导致新软件一再拖延的病症，技术是难关，但管理上的混乱无序也是问题的症结所在。

在做了一系列新的调整之后，微软公司又展开了新一轮的战斗。

（三）

1985年5月，春季计算机展销会，比尔·盖茨终于展出了他的视窗软件，向成千上万用户演示了用鼠标和键盘打开或关闭"窗口"的效果。同时，比尔·盖茨还当场宣布：Windows1.0版软件的标价仅为95美元。

1985年6月，微软视窗虽然没有达到预期的效果，但时不我待，初具规模的软件进入到调试阶段。虽然调试人员已经增加至30人，但人手还是不够。比尔·盖茨也亲自上阵，日夜奋战，整整一个月足不出户。

这样的氛围常常让比尔·盖茨神经紧张，甚至有时会突然发脾气，而这些都由他的老友兼助理鲍尔默来承担。有一次，比尔·盖茨突然发现了一处差错，便使劲儿地拍着桌子，跳起来大声喊道：

"鲍尔默！鲍尔默在哪？"

刚吃了一口饭的鲍尔默赶紧一边答应着，一边手端着盘子跑了过来。

比尔·盖茨怒气不可遏制，大声嚷道：

"你还吃得下饭吗？你认为这个软件已经完美无缺了吗？不！我告诉你，它出现了差错！我警告你，年底前完不成任务，交不出货，我们公司就要垮掉，而你们也都得卷铺盖滚蛋！"

鲍尔默急忙放下早餐，去叫醒那些刚刚睡下的程序员们。紧张而缜密的工作最终使视窗开发取得了杰出的成果，视窗小组的天才设计思想在这套软件中得到了完美的体现。人们事后对视窗软件开发的时间进行了统计，一共花去了11万个工时。

经过了漫长的软件测试，1985年11月，视窗软件最终正式上市了。

11月21日，微软公司举行了盛大的庆祝会。那个称微软视窗为"泡沫软件"的《信息世界》杂志向比尔·盖茨颁发了"金泡沫软件奖"。在相视一笑中，比尔·盖茨最终赢得了胜利。

在最初的时候，比尔·盖茨将Windows1.0称为"界面管理器"（Interface Manager）。当时的市场销售总监认为这个名称冗长且专业，建议比尔·盖茨以Windows（本意窗口）命名，这样既能吸引消费者，又便于理解和接受。比尔·盖茨最终采纳了这个建议。

Windows1.0并不是完整的操作系统,，而且比尔·盖茨与苹果公司也签订了协议，不能照搬他们的技术。尽管比尔·盖茨十分喜欢那些任务叠加窗口，但他仍然不能随便使用。

因此，比尔·盖茨便让Windows1.0的多任务平铺在桌面上。为了增加它的吸引力，比尔·盖茨还捆绑了计算器、时钟、日历表、记事本和其他几项屈指可数的小应用程序。虽然这种应用程序非常有限，但微软早期的广告宣称Windows拥有一套极其有用的应用程序。

由于缺少第三方软件公司为Windows1.0开发应用程序，这款新软件只是MS—DOS的拓展，而且伴随的应用程序功能太过薄弱，无法吸引企业用家，因此Windows1.0上市后，销售情况非常可怜。

窗口叠加是苹果公司的工程师阿特金森的设计。这项设计而今我们已经习以为常，但在当时这绝对是一个创举。这样一来，"上面的"窗口就叠在"下面的"窗口上。这一设计的最初理念也是由桌面叠加的文件而联想来的。在移动上面的窗口时，下面的窗口就会被隐藏起来或者被显示出来。

比尔·盖茨知道，自己必须做些改变才能让Windows有出路，而这次是他的老搭档兼对手斯蒂夫·乔布斯。他必须与乔布斯谈谈。

第十五章　是对手，也是朋友

　　我从来没想过我会变得很富有，这根本不是我的梦想。时刻激励我向上的，是一种创造与众不同的愿望。我希望能够成为一个成功的事业者。

——比尔·盖茨

（一）

　　提到个人电脑时代，不能不提这两个人，他们有着太多的共同点，又有着太多的不同。因此，大家常将他们相提并论。在人类步入电脑时代的30多年中，他们也互为支撑，构成了个人电脑的双星系统。

　　与比尔·盖茨相同，斯蒂夫·乔布斯也出生在1955年，也是就读名校，中途辍学，精力充沛地进军个人电脑市场。而与比尔·盖茨不同的是，乔布斯善于销售，立足于电脑硬件的改革，因此他也比比尔·盖茨提早获得了巨额财富，身边还有一群优秀的人使得苹果公司迅速从同行中脱颖而出，短短4年间就成为行业的翘楚。

　　乔布斯凭借直觉和对界面友好的极致追求制作出了一系列优秀的机器，但他的软件设计并不能和他的硬件品质并驾齐驱，因而他找到了比尔·盖茨，双方开始了长达多年的合作。

　　早在1982年，乔布斯想推出麦金塔电脑，他便邀请比尔·盖茨为其编写一些应用软件，包括文字处理软件、图表和电子表格程序等。比尔·盖茨也因此签下合同，开始研发这些软件，既能赚钱又能应对"文字之星"

和莲花1—2—3。

与比尔·盖茨的务实、原则性不同，乔布斯却是个矛盾的结合体。他一方面欣赏微软团队的软件，另一方面又担心比尔·盖茨会盗用麦金塔电脑的图形用户界面。因为它并非苹果公司自己开发的版本，而是剽窃了施乐公司的PARC，只是对其进行了小幅改动而已。

因此，乔布斯十分担心微软会抄袭麦金塔的图形界面的思路，但他又不能不与比尔·盖茨合作，也不能不将麦金塔电脑的秘密公开。只有这样，他才能让微软研发出更适合它的应用软件。

这样的担心是有道理的，但正如贼喊捉贼一样，显得幼稚而有趣。因此，当乔布斯的属下告诉他怀疑微软公司窃取他们的技术之后，尽管乔布斯也心知肚明，但他仍然用他一贯的傲慢态度说：

"就算有麦金塔作为范本，微软也没有能力设计出像样的操作系统。"

图形界面是未来的方向，比尔·盖茨完全坚信这一点，而微软完全有权像苹果一样，仿照施乐PARC所开发的东西开发自己的图形界面。

这是乔布斯无法阻止的，也是大势所趋，就如当年比尔·盖茨公开Basic语言的秘密一样，他知道只有这样才能共同推进软件的进步。就目前而言，技术壁垒对谁都是不合适的，从此处也可以看出比尔·盖茨的眼光更加长远。

乔布斯也知道没法阻止比尔·盖茨，他只能采取迂回的策略。原定新电脑将于1983年1月推出，他说服比尔·盖茨同意一年之内微软不得将任何图形软件卖给其他公司，比尔·盖茨答应了这个十分无理的要求。

但这一招却并没有见效，麦金塔由于其他的技术原因没能按计划时间发布，产品发布推迟了整整一年。

（二）

1983年11月，比尔·盖茨与乔布斯的约定期已满，他按时宣布了微软计划为IBM个人电脑开发Windows操作系统的计划，并宣称Windows操作系统采用图形界面，有窗口、图标和可以指向并点击的鼠标。

尽管乔布斯并无愤怒的道理，但他依然很愤怒，他甚至命令迈克·贝尔奇：

"马上叫比尔·盖茨过来。"

比尔·盖茨知道乔布斯只是想冲他发发火而已，因此他没有带任何人，只是自己一人前往，而且愿意和乔布斯解释清楚。

比尔·盖茨来到库比蒂，十分坦率地跟乔布斯说：

"我们在做Windows操作系统，我们把整个公司都押在图形界面上了。"

乔布斯并没有理会比尔·盖茨。他开腔了，甚至叫喊着说出这些话：

"你在盗用我们的东西！我信任你，而你却在偷我们的东西！"

比尔·盖茨仍然冷静地坐在那里，等乔布斯停止大喊大叫之后，他直视着乔布斯，然后用他那惯有的语调反驳道：

"好了，史蒂夫，我觉得我们可以换一种方式来看待这个问题。我觉得现在的情况更接近于这样——我们都有个有钱的邻居，叫施乐。我闯进他们家准备偷电视机的时候，却发现你已经把它盗走了。"

这一段话让乔布斯哑口无言，他只得作出妥协，并且摆出正常的谈判姿态与比尔·盖茨交谈。

双方都小心翼翼地周旋着，比尔·盖茨知道自己并不是来打架的，他希望这款软件能得到乔布斯的默许，这样双方都不会有损失，他更期望这会是一个双赢的局面。

谈判结束，比尔·盖茨私下里向乔布斯演示了研发中的Windows操作系统。

乔布斯看了它一眼，淡淡地说：

"哦，它可真是一堆狗屎。"

比尔·盖茨微笑着回应：

"是的，不过它是堆可爱的狗屎。"

等乔布斯的情绪稳定之后，两人边散步边讨论，最后比尔·盖茨答应不采用叠加技术，并继续为麦金塔编写应用程序软件。

事后，苹果的CEO斯卡利并不甘心，他曾威胁要将微软告上法庭。而微软为了反击，以威胁停止开发麦金塔版的Word、Excel及其他应用程序作为回击。

斯卡利只得被迫妥协，与微软签署了一份合同，同意微软有权在其即将推出的Windows系统中使用苹果公司的部分图形功能。

作为回报，微软同意继续为麦金塔编写软件，并且在一段时间内，只允许苹果独家使用Excel软件，而不会用于兼容机中。

至此，事情才告一段落。直到几年以后，微软与苹果公司签署了一份专利授权协议，才解决了互相重叠和档案回收筒的问题。在几项技术获得书面认可之后，比尔·盖茨终于可以让Windows以更好的面目示人了。

1990年，微软发行了Windows3.0。这款软件非常成功，再也不是一副灰头土脸的样子了。

这个升级版本除了改进应用程序的功能之外，还利用了虚拟内存。这样就容许MS—DOS软件有更好的多任务表现，再加上绝佳的图像处理能力，从而令个人计算机终于能和麦金塔一较高下了。

（三）

Windows3.0的成功让比尔·盖茨欣喜若狂，他兴奋地打电话给温布莱德：

"亲爱的，我们成功了。"

温布莱德一如既往地微笑着。在她眼里，比尔·盖茨总是那个长不大的男孩，即使当时他已经身家过亿。

安·温布莱德在明尼苏达州的一个小镇长大，高中时曾是学校啦啦队队长，并用当服务生的工钱完成了大学学业。后来，她以500美元创立了一家软件公司，数年后以1550万美元售出。后来，她又与全国前篮球协会核心人物约翰·哈默合资创办投资公司。她不仅是位美丽大方的气质女性，也是一位出色的数学家、企业家，是一位让亿万富翁比尔·盖茨十分崇拜与敬仰的职业女性。

温布莱德至今还记得多年前在西雅图召开的那次产品研讨会，她代表合伙人公司发表了一篇关于计算机产品的设计与商业开发思路的演讲。在这期间，一个个子高高、戴着圆边眼镜的青年总是盯着她看。

演讲结束后，青年很快就找到了她，并且充满自信地作了自我介绍：

"你好，我叫比尔·盖茨。"

通过交谈，她认识了这个自称是微软公司创立者的比尔·盖茨。

温布莱德没想到这个其貌不扬的小伙子这么富有才华，对计算机的发展这么富有远见卓识，他超出年龄的成熟和充满激情的手势吸引了温布莱德。

没想到的是，在当天晚上，他就不请自来地叩响了自己的房门，两人就计算机和数学知识彻夜长谈。就是从那天开始，他们变成了无话不谈的好朋友。

后来，比尔·盖茨曾到温布莱德的公司去询问有关风险投资的问题，他们聊着聊着就聊到了自己的过去。温布莱德眯起眼睛说自己17岁就去当鸡尾酒女服务生，用这个工钱完成了大学学业，毕业后自己又以500美元创立了一家软件公司，现在这家公司市值已经超过了1000万美元。

而温布莱德也为比尔·盖茨的睿智和充满真诚的话所打动。就这样，他们渐渐走到一起，而她也成了比尔·盖茨最亲密的朋友和最重要的智囊，尽管由于9岁的年龄差距，他们不知道会不会有将来。

一想起将来，温布莱德就有些不知所措。她又想起了9年前自己的那个意外丧生的前男友，她是那么喜欢他，可人生是那样无常。后来尽管有许多男性向她表示过爱慕，但她都一一回绝了。

不知怎的，比尔·盖茨意外地走进了她的内心。也许是他卓越的特殊气质，或许是比尔·盖茨的才华，或许比尔·盖茨有某种能抚平她感情创伤的真诚。而比尔·盖茨现在正全力以赴投入事业，他还不可能想到要给自己一个安稳的家。她又想起了盖茨写给她的信：

> 伟大而又美丽的温布莱德，我爱你，在我所认识的女性中，只有我的母亲与你值得我这样称呼。在整个世界上，最了解我的女人只有两个：你与我的母亲。你对我的厚爱、仁慈、宽容，使我无论做什么事，甚至伤害了你，你都不恨我。你可以包容我的一切，包括不能与你结婚。温布莱德，你的拥抱永远能唤起我一生中最温馨的回忆。

她的心又揪了起来。就在几天前，她与比尔·盖茨的母亲玛丽会面了。身为母亲，玛丽说得很对，他们并不合适，她不能给比尔·盖茨带来他所想要的婚姻生活。而她也没法放弃现有的生活，全身心地与他在一起。

所以，也许分手是最好的结局。想到这里，温布莱德反而轻松了许多。

比尔·盖茨从小就有着坚韧执著的个性，意志坚定。有一次，他参加学校组织的暑假童子军徒步行军，大概要走一个星期，而他却不明就里地穿了一双崭新的高筒靴。穿着这样不合脚的新鞋走路使他吃尽了苦头，但他始终咬紧牙关，一声不吭，直到被领队发现。此时他的脚已经红肿得老高。当母亲玛丽心疼地来看他时，他还十分遗憾地表示自己没能走完全程。

第十六章　微软上市

我们应该接受迅速的失败，而不是缓慢的失败，最不该接受的则是没有失败。如果有人从不犯错误，那么只说明他们没有努力，他们没有费吹灰之力。

——比尔·盖茨

（一）

1986年，在微软成立的第11个年头，这家拥有资产200万美元的公司在那斯达克市场成功上市。当时的股价为每股21美元，共筹集资金6100万美元。这对微软公司来说是个划时代的时刻，但比尔·盖茨起初却并不这么认为，他甚至一再推延公司的上市时间。

早在1975年，当只有比尔·盖茨和保罗·艾伦两个人的微软在阿尔伯克基诞生之时，比尔·盖茨也许并没有想到有这样的一天。按照Basic语言的投入技术，比尔·盖茨和保罗分别占有60％和40％的股份，后来两人又进行了一次调整，比尔·盖茨占64％，保罗占36％。公司一直都采用合伙制经营，公司的股票只允许内部极少数人购买，他们或是公司的"元老级"人物，或是比尔·盖茨十分看重的人物。

在上市之前，股票的分配大致为：比尔·盖茨占据53％，保罗·艾伦占31％，史蒂夫·鲍尔默占8％，拉伯恩占4％，查尔斯·西蒙伊和利特文各占2％。

因为比尔·盖茨的原因，公司内部不允许私人购买股票，所以大家逐渐有了怨言。特别是那些跟随比尔·盖茨多年的员工，他们甚至有了些许不满。尤其在其他同类软件公司开始上市之后，大家更不能安心工作了，公司内谣言四起。

"怎么回事啊？我们都来微软这么多年了，还比不上那个新来的？"

"就是，我们对公司也有功劳啊，凭什么不能购买股票？"

鲍尔默觉得事态有些严重，他急忙找到比尔·盖茨：

"比尔，我看这样不行，我们需要将股票购买权放宽。要不然，很多员工可能会跳槽的。这对我们非常不利。"

比尔·盖茨想了想，还是觉得十分不妥：

"其实上市也未尝不是件好事，但我还是有些担心，这样大家会更关心自己手里有多少钱而不是眼前的工作。我希望大家更看重我们公司的产品，而不是钞票。"

鲍尔默何尝不明白比尔·盖茨的想法，他知道盖茨希望稳扎稳打地把公司发展好，微软目前的发展离他内心的成功还十分遥远。但目前最重要的是稳定人心，所以鲍尔默又进一步劝说道：

"比尔，我知道你的想法，也明白你的顾虑，但现在的当务之急是要满足员工的要求。只有员工持有了股票，大家才会有归属感，才会更努力地工作。"

进退不得，比尔只得点点头：

"那好吧，你制定一个规范，按照进入公司的年限和贡献多少允许大家按照一定的比例购买股票，其他的等我想好了再说。"

股票购买权的问题解决了，上市又成了摆在眼前的问题。这时，总裁谢利又成了这件事的说客，他不断地去找比尔·盖茨催促：

"比尔，我们也将微软上市吧！"

比尔·盖茨坐在他的老式扶手椅上微笑着望着谢利，问道：

"为什么要这么着急呢？"

"这能更好地融资啊！比尔，苹果公司都上市了。1980年11月份，第一次交易，它的资产估价就到了18亿美元，乔布斯的个人资产达到了2.3亿美元。1983年，莲花公司和阿森塔公司就已经上市，也获得了成功。"

"我认为我们公司不上市也可以保持我们的利益。"比尔·盖茨试着将自己的想法阐释给谢利听。

"虽说如此，上市也是很有好处的啊，我们短期就可以通过股票获得一大笔资金，而且，这对雇员来说也是一笔巨大的财富。"谢利进行反驳。

"我是怕一旦股票上市，那么很多人都会收获巨大的财富。这样，势必会影响人们的工作情绪，他们也许没有兴致去工作也说不定。"盖茨接着说道，"我不觉得有钱是一件很幸福的事儿。如果钱太多了，也许我们公司的气氛都会变得冷淡了，人和人之间的关怀之心就会少了。"

这是比尔·盖茨的肺腑之言。他眼见着苹果公司内部复杂的人际关系和争斗，不希望自己的公司也重蹈那样的覆辙；而公司越大就越难掌控，他本不擅长管理，因而也有这样那样的顾虑。

（二）

在这种难以抉择的时候，比尔·盖茨又想到了温布莱德。虽然两人濒临分手，但仍然是亲密的好朋友。他立即拨去电话，阐述了自己面临抉择的困境。

温布莱德想了想，对盖茨说：

"可能这是目前最好的解决办法，虽然公司不上市能保持私营，这样也没有必要去讨好持股者，用不着和证券交易委员会繁琐地来往。而也只有公开上市，微软股票才能在市场上流通，内部股票才有实用价值，这点是大家都十分看重的。所以，上市可能会成为唯一的选择，那么我们不如做好功课。"

比尔·盖茨很赞同温布莱德的说法。温布莱德还说了很多鼓励的话，最后说自己可以请一个好朋友出马帮忙。他曾负责过三家软件公司的股票公开上市，相当有经验。比尔·盖茨十分高兴地答应与这个人见面聊聊。

刚放下电话，消息灵通的老父亲又打来电话劝比尔·盖茨将微软上市，父子之间又进行了一次深谈。比尔·盖茨逐渐打开了思路，他又寻求了老朋友保罗的意见，最后他决定听从大家的建议，选择上市。

比尔·盖茨行事一向严谨，这次也不例外。首先，他让公司的财务去找合适的中立银行来合作。1985年中，他又在温布莱德的举荐下，结识了温布莱德的朋友盖德特。

盖德特为人大方，讲诚信。没过多久，他就向微软公司提交了他的调查报告。他的报告中对几家公司开列了19项调查项目，分别给于1—5分的评分，结果萨克斯·古德曼公司位居第一。

可是，温布莱德凭着自己的经验认为，最具决定性的因素应该是微软公司与这家被选中的公司之间的"化学作用"。强强联合不一定会更强，而强弱联合却往往能优势互补，从而最终变得更强。

比尔·盖茨也觉得这个意见十分重要。同时，微软还使用了其惯用的新闻宣传方式。

1985年底，各个新闻媒体纷纷发布消息，声称微软公司将于近期上市。同时，美国《财富》杂志的一名记者还追踪报道了微软公司股票上市的情况，引来了世人的关注。

1985年12月11日，比尔·盖茨与萨克斯·古德曼公司代表见面了。会面地点定在西雅图的雷尼尔俱乐部，会面人员包括比尔·盖茨、谢利、盖德特、温布莱德，以及萨克斯·古德曼公司的代表马丁。

由于比尔·盖茨一直对上市的事不十分在意，加之可供选择的伙伴众多，所以他对这次会面多少显得有些漫不经心，倒是谢利追根究底地问了很多问题。

席间，温布莱德一直坐在盖茨的身边，她担心盖茨因为过于不耐烦而做出一些出格的事，所以总是紧握他的手，让他尽量保持平静。

而马丁的表现也相当从容，并且给出了相当精准的预测：

"微软公司的股票将拥有截至1986年所前所未有的最显眼的上市价格。"

会面的最终结果令人满意，比尔·盖茨敲定了这家公司作为上市的首选。

（三）

到1986年2月份的时候，微软公司已经印出将近4万份公告，分送给监督委员会和代理商们。这份材料透露，经过多次调配，现在公司主要人物的股票情况如下：

比尔·盖茨为1100万股，占总股份的41%；保罗为640万股，占28%；鲍尔默拥有170万股；谢利拥有40万股；西蒙伊为30万股；盖得特为19万股；比尔·盖茨的父母也有21万股。

首次上市时，比尔·盖茨准备卖出8万股，保罗准备卖出20万股，可有些部分仍然有些出乎比尔·盖茨的预料。微软公司上市的公告一发布，比尔·盖茨的许多亲戚、朋友、同学都打来电话，纷纷请求购买股票。

但是，比尔·盖茨希望大家更关心微软的长足发展，而不是短期内的金钱效应。因此思索再三，他只满足了其中十几个人的要求，其中包括他的祖母和女管家。因为老祖母说，要是不给她买，她就不让盖茨进家门！

每次，比尔·盖茨在婉拒大家时都这样说：

"我不想理睬这些请求，我恨这件事。我想卖的是软件又不是股票。"

但是，他始终不能阻止股票的升值趋势。

1986年3月13日上午，在纽约股票交易所，微软公司的股票正式上市。

第一天，开盘价为每股25.17美元，收市时已经到29.25美元了，当天共成交360万股，人们以极大的热情支持着微软股票。一周之后，微软每股的价格已经涨到35.50美元，而比尔·盖茨也因为出售股票获利160万美元。至此，他手上的股票总价值已经差不多达到3.5亿美元了。

看着微软公司的总价值在飙升，员工们难以抑制兴奋和自信的神情，比尔·盖茨也开始转变观念。他渐渐发觉股票上市是件好事，并开始组织大家在各个城市和地区进行巡回，宣传微软股票，呼吁人们支持微软上市。

1987年，微软的股票每股已经达到90.75美元，它的上升速度快得惊人。同年3月20日，《华尔街日报》正式承认微软公司总裁比尔·盖茨为10亿富翁，而且是历史上最年轻的白手起家的10亿富翁。这不仅代表着股票的升值，更重要的是体现了微软公司的发展速度和现状。

而截至当时，差不多有1000万台PC机在使用微软公司的DOS系统。

1987年10月，美国的《福布斯》杂志排行榜上，年仅32岁的比尔·盖茨位居美国400位富翁的第29位。

股票上市，比尔·盖茨和保罗·艾伦赚得盆丰钵满，他们同时想到了自己的母校——湖滨中学。两人觉得，以他们现在的身份和资金状况，他们应该为培养过他们的母校做点什么。一番商量之下，两人决定采用最直接的方式，捐一笔钱给湖滨中学，用来修建学校的科学和教学中心。

可是起什么名字呢？比尔·盖茨兴奋地说：

"当然用我们的名字了，别的还要想吗？"

"我知道啊，可是我们谁的名字在前面呢？"保罗问道。

"抛硬币怎么样？机会均等。"

抛硬币这种颇有童趣的方法赋予了这座大楼以新的名字——"艾伦—盖

茨大厦"。很显然，保罗·艾伦赢了。他们一举为学校捐助了220万美元。

微软的上市也让世人更多地认识了微软公司，并在很大程度上促进了微软的发展和腾飞。

就在比尔·盖茨意气风发的时候，温布莱德终于向他提出了分手的要求。比尔·盖茨知道，这样的和平分手只是时间问题，但他仍然有许多不舍。温布莱德握着盖茨的手，告诉他说：

"我们做朋友吧，这样我们永远都不会分手。"

比尔·盖茨再一次握紧了温布莱德的双手。

→　　　不论做任何事情，比尔·盖茨都会全心全意地花上所有时间去最出色地完成。一次，老师布置同学们写一篇不超过20页的故事，盖茨浮想联翩，竟然写出长达100页的神奇而又曲折无比的故事，使老师和同学都十分惊讶。大家都纷纷说："不管盖茨做什么事，他总喜欢来个登峰造极，不鸣则已，一鸣惊人，不然他是不会甘心的。"

第十七章　进军中国

　　哪怕只是很少的几元钱甚至几分钱，也要让每一分钱发挥出最大的效益。一个人只有当他用好了他的每一分钱，他才能做到事业有成，生活幸福。

——比尔·盖茨

（一）

　　和温布莱德和平分手之后，比尔·盖茨打算全身心地投入到工作当中，用工作占据个人的所有时间。至于爱情，他暂时还不想考虑。然而，另一个女孩的及时出现让他明白，爱情不是程序，不能预设，它总是在不期而遇的时候到来。

　　1987年，一个叫梅琳达·弗兰奇的女孩走进了比尔·盖茨的公司。她并不是一位长相出色的女子，但与温布莱德一样，她也拥有着一个聪慧的头脑。

　　梅琳达拥有杜克大学的计算机和经济学双学士学位，又是杜克商学院的工商管理硕士。她能进入微软，在于她对软件编程的熟练掌握；而与比尔·盖茨结缘，则在于她对他的爱情以及崇拜。

　　梅琳达·弗兰奇来自达拉斯的一个中产家庭。父亲是一名工程师，还兼职开设了一个家庭公司，主要开展房屋租赁业务。梅琳达从小就是个勤勉的孩子，几乎每天都要清洁地板、擦洗烤箱以及割草，这样繁重的工作让她从小就非常独立。

在她16岁的那年，父亲买进了一台Apple Ⅲ计算机，她很快就为之着迷。多年以后回忆起当时的一幕，梅琳达还不无感慨地说：

"我们都乐于帮助父亲开展业务和记账。我们总是看着钱一点点地流入，又一点点地流出。"

因此，梅琳达发挥自己聪慧而理智的头脑，利用这台机器帮助父亲完成了一项项复杂的流水记录。

从那时起，梅琳达就迷上了计算机，并且立志以此为生。在顺利地进入微软公司之后，她依靠勤苦和努力不断提高自己的工作业绩，因此，几乎每个夜晚都会看到她的身影。由于业绩突出，她很快便获得了提升，并担任一个部门的主管，手下拥有100多名员工。

此时，比尔·盖茨对的她印象并不深刻。直到有一次Windows的产品发布前夕，梅琳达在后期检查时，突然发现了一个致命的漏洞。她立即上报，然后找有关技术人员在最短的时间内修复了它。这次发现让公司免受了很大的损失，她的干练和聪慧一下子让比尔·盖茨认识了她。

自此之后，比尔·盖茨发现，每当自己要结束一天的工作准备离开办公室时，梅琳达的办公室里总是亮着灯。这个勤奋而努力的女孩越来越吸引他，甚至在看到她时会不自觉地微笑，不自觉地将眼光转到她身上。

思考了良久，盖茨终于下定决心。有一次在加班时，他走进梅琳达的办公室，郑重地说：

"请你为我永远亮着这盏灯。"

就这样，梅琳达的人生发生了巨大的变化。她在微软有了一个新身份——比尔·盖茨的女朋友。

两人关系中具有决定性的一刻同样发生在办公室里。有一天，梅琳达鼓起勇气穿了一件特别的T恤来到盖茨的办公室，T恤上面写着——"娶我吧，比尔"。

而这也是比尔·盖茨思考良久的问题。他想选择梅琳达作为自己的人生伴侣，但是，他希望这能征得温布莱德的同意，因为他将温布莱德视为自己一生最好的知己和朋友。

其实早在梅琳达刚刚与比尔·盖茨恋爱时，温布莱德就观察了好久。她觉得梅琳达是比尔·盖茨最合适的妻子人选，因此她鼓励比尔·盖茨接受梅琳达，并衷心地祝福他们。

两个相爱的人最终走到了一起。有了梅琳达，比尔·盖茨也开始规划心目中"家"的样子。从1990年开始，整整7年时间，比尔·盖茨花费6000万美金与无数心血，建成了一幢独一无二的豪宅。

1994年1月，夏威夷的一间教堂里响起了祝福比尔·盖茨和梅琳达·弗兰奇结婚的钟声。婚后的比尔·盖茨十分幸福，他终于有了自己的家，梅琳达也做起了比尔·盖茨坚实的后盾，安心照顾家庭，成为专职太太。

几年来，梅琳达还为比尔·盖茨生下一双儿女，将家里收拾得洁净温馨，还建了一个家庭图书馆。闲暇时，她就与老盖茨一起管理基金会的事务。

（二）

婚姻生活的幸福也为比尔·盖茨的事业发展省去了不少后顾之忧，盖茨开始卯足劲儿进军海外市场。

但是，进军之路并不是一帆风顺的。早年盖茨曾与西胜彦结缘，那时他就已经动了进军日本市场的念头。开始时很顺利，但后来因为日本的体制和地方保护主义，到1982年，进军就裹足不前了。为此，比尔·盖茨做出了新的决定：

"先立稳欧洲大陆，然后再进军亚洲。"

1982年初，比尔·盖茨派鲍勃·奥里尔去欧洲考察和谈判。不久，英国、法国都有了微软公司的影子，而欧罗巴市场的开拓也为微软公司的生意扩大提供了很大的帮助。

时值莲花公司的电子表格程序大卖，而微软的多计划软件低迷之时，微软公司当机立断，迅速将多计划软件拓展到欧罗巴市场。这样，微软终于可以在和莲花的对峙中喘了一口气，占据了海外市场。

等到莲花公司和其他软件公司进入欧洲市场时，微软已经占据了压倒多数的比重，这些公司的软件产品很难再被当地人接受了。再加上微软根据当地人的习惯，开发出不同语言版本的软件产品，更是引来了众多的好评。

经过多年的努力，微软公司已经在意大利、澳大利亚、加拿大、墨西哥、荷兰和瑞典等地站稳了脚跟，并在这些地方设立了分部。

而这时候，改革开放15年的中国已经用它崭新的姿态赢得了西方国家的重视和尊重，目光敏锐的比尔·盖茨也开始注意到这个东方的巨人。

这个幅员辽阔，拥有全世界五分之一人口的国家，无疑是未来最大的软件市场。但因为有日本的前车之鉴，比尔·盖茨决定先进行试探性的尝试。

1992年，微软公司在北京设立了首个代表处，这标志着微软公司开始在中国落脚。

同时，微软公司开始和清华大学联合，在北京开办微软大学，培训高科技人才。比尔·盖茨想到，要占领一方市场，首先就要拥有相应的技术人才。这也是他总结在日本市场的失败后得出的经验。

比尔·盖茨通过一系列的举措来逐渐占领中国市场：开发中文版软件；举办各类型的讲座、研讨会，为用户提供全面的服务；设立微软大学和培训中心，用来培养会操作微软设备的人才；与中国的新闻出版单位合作，编发各种技术资料；与中国知名厂商合作开发产品；等等。

这些举措既是微软踏入中国市场的准备，同时也促进了中国计算机行业的发展。

1994年3月21日晚，比尔·盖茨以休假旅游的名义来到中国，但这个发展中国家的计算机行情才是他此行最为关心的。

他参观了中科院，会见了十多位中国著名的软件工作者，并就计算机的未来发表了演讲，还演示了微软的最新产品。而最令他吃惊的是，他还受到了国家领导人的亲切接见。这对比尔·盖茨来说意义深远，因为这无疑是政府欢迎微软进入中国市场的宣言。比尔·盖茨认为自己现在可以放开手脚，在中国市场上大干一场了。

（三）

最早接触计算机的中国朋友们应该对那款Windows95记忆深刻，虽然这并非是1995年开发的系统，但却是那个年代的中国民众对计算机的集体记忆，因为之前的286或386电脑都是英文状态下的全英文界面。而从Windows95开始，计算机才出现了真正意义上的中文界面。而这，也源于一次意义重大的合作。

1996年12月8日，中国电子工业部与微软公司签订了一份合作备忘录，合作开发Windows95中文软件。这引起了世界计算机界不小的轰动。比尔·盖茨想抢占中国计算机软件市场的制高点，而比尔·盖茨的这一创举也确实达到了意想不到的效果，中国计算机业开始蓬勃发展。几年之后，当Windows95大行其道时，IBM的操作系统和苹果公司的视窗才开始进入中国市场。

但任何国家都有自己本土行业的保护策略，中国也不例外。随着中国软件行业的日益成熟，比尔·盖茨决定实现他的垄断计划。

1999年3月10日，中国IT行业刮起了风暴。联想、海尔、步步高等国内有名的电子计算机、VCD、家用电器等行业的巨头聚集在深圳，等待比尔·盖茨的到来。

比尔·盖茨在会上宣布了他的"维纳斯计划"，即一个以Windows CE为核心的项目。比尔·盖茨本想通过这个计划来中国推广互联网，从而可以垄断中国的计算机操作系统、计算机产业市场。

愿望是十分美好的，但对于国内企业来说，这无疑有着致命的杀伤力。中国软件行业立即作出反应，推出"女娲计划"，以抵抗微软公司的"垄断"行为。

经过3年的博弈，比尔·盖茨逐渐意识到了中国市场的特殊性。经过深思熟虑，他改变策略，选择了迂回推广的方式。在困境之下，比尔·盖茨还采用了很中国的策略来赢得中国网民和计算机爱好者的支持。

自2002年始，比尔·盖茨领导着他的微软高层三次访华，与中国政府和媒体亲密接触，并且不断以公司的名义为中国科研机构、红十字协会、自然灾害捐款。这些举动为他迎来了一片喝彩之声。

2005年，微软与中国本土企业合作建立MSN中国。MSN中国的聊天软件迅速席卷全国，与中国最有价值的互联网公司腾讯的社交网络QQ展开了激烈的竞争。

2007年4月，比尔·盖茨接受了清华大学授予的名誉博士学位，成为清华大学第13位名誉博士。

2007年8月，微软与中国政府签署了新一期的政府安全协议。根据协议内容，中国信息安全产品测评认证中心和相关被授权机构将可以在线即时查看包括微软产品的绝大部分现有版本的全部源代码和相关技术信息。除了能够查看源代码外，政府安全计划源代码协议还提供关于Windows平台技术信息的培训，以增强政府建立和部署具备强有力的安全技术的计算机基础架构能力。

这在世界上也是罕有的，与中国政府的全力合作使微软越来越拥有在中国站稳脚跟的资本了。

2009年11月，中国农业银行与微软（中国）有限公司在北京签署战略合作备忘录，双方在金融电子化渠道、银行后台IT支撑系统等方面展开了全方位的合作。

比尔·盖茨摸透了中国的脉搏，可以预见，微软的中国之路也会越走越长、越走越宽。

从13岁开始，盖茨就有了相当大的独立性，这在当时很少见。有些晚上，他会去华盛顿大学享受免费使用的计算机。他大部分时间都不呆在家里，还曾在奥林匹亚呆过，在那里的州立法机构听差，也曾在华盛顿特区的国会听差。大学四年级时，他还休学去华盛顿州南部的一个发电厂做过程序员。

第十八章　惹上官司

> 面对充满变数的未来，有人只知道去观望，而有的人则能够积极行动起来。我崇尚后者。
>
> ——比尔·盖茨

（一）

用"树大招风"这个成语来形容微软公司几十年的发展应该再恰当不过了，它用短短三十几年的时间就发展壮大成为软件行业的神话。三十几年，对于一个人的成长都是极其快速的，何况是一个企业。而微软公司就是以这样惊人的速度发展着。尽管电脑时代是一个超速发展的时代，但与其他公司相比，微软公司的辉煌发展不仅在于管理者的领导有方，还在于其在一次次险滩中都能够进退有据。这些都体现在一场场是非纷扰的官司当中。

早在1977年微软公司刚刚成立后不久，就曾与罗伯茨的微型仪器遥测公司对簿公堂。这是微软面对的第一起由协议引起的官司。由于合同文本的完备，一番唇枪舌剑之后，微软最终走出困境，但公司当时的处境的确也是岌岌可危。刚刚羽翼渐丰，加之资金不足，好在大家团结一心，在举步维艰的情况下赢得了胜利。

经过这一战，比尔·盖茨也渐渐可以自如地应付各种各样的官司纠缠了。

首先是来自微软多年的合作伙伴IBM公司的威胁。1990年，随着微软公司的Windows3.0的顺利面世，微软与IBM公司的多年合作关系宣告破裂。这源于比尔·盖茨背着IBM研究新的视窗系统，而IBM自己研发的新计算机就因为Windows3.0的横空出世几乎遭到灭顶之灾，迅速失去了个人计算机的市场主导地位。

到1992年，在Windows3.1版推出之前，Windows3.0版的销售总量已经达到了700万套，这也给微软昔日的合作伙伴苹果公司以沉重一击。虽然里边很多新的功能获得了苹果公司的授权，但强大的市场诱惑还是让乔布斯相当恼火。他大骂比尔·盖茨背信弃义，比尔·盖茨也因此而多次被传讯至法院。

但微软与苹果公司的关系毕竟是剪不乱理还乱的。处于利益的各种考量，加之双方都十分清楚根本没法截然分开从此不相往来，所以，比尔·盖茨和史蒂夫·乔布斯又签订了多项合作协议。而苹果的指控也间断地停止，最终无果而终。

就在比尔·盖茨为与苹果公司的纠纷发愁时，没想到一个他始料未及的诉讼却跑到他面前。这是来自西雅图计算机公司的指控。

多年前，为了达成与IBM公司的合作，比尔·盖茨曾以便宜的5万美元转让价格从西雅图计算机公司老板布洛克手里获得了其DOS系统的所有权。后来，比尔·盖茨为了一劳永逸，又花了100万美元从开发者帕特森手里获得了所有权，并将帕特森留在微软工作。

这本来不会再有什么后顾之忧了，但随着微软公司的风生水起，日薄西山的西雅图计算机公司又想起这个多年以前的交易，并想从中再捞一笔。

老板布洛克查了查公司的资产，发现也就免费许可MS—DOS和"最新版与增强版"的权利比较有赚头。他立刻给微软总裁谢利写信，并透露他的MS—DOS使用许可价值约2000万美元，言下之意就是希望微软能够出这笔钱收购他们公司。为了达到预期的效果，他甚至打电话给报社记者，透露出他有兴趣出售此权利的决定。

谢利很生气，立即给布洛克回信，断然拒绝了布洛克提出的天文数字，并且警告他说，他们公司没有权利转让微软公司的任何MS—DOS。

布洛克看协商未果，便决定打一场官司，总得捞上一笔才肯罢休。

（二）

1986年2月初，西雅图计算机公司向地方高级法院提起诉讼，要求微软公司或承认西雅图计算机公司转让MS—DOS许可权，或交出已获得的DOS的大部分收入，并宣布原协议无效。布洛克还初步将损失定为2000万美元。

比尔·盖茨十分恼火，决定亲自出庭应对。起初，比尔·盖茨的运气还比较好，正巧负责审理此案的法官是他湖滨中学时期的老师。而很快，对手公司的律师凯利·科尔就获悉了这一消息。凯利是个经验老道的律师，他立即要求更换另一名法官，事情在此时才开始发生转变。

为了取得应有的赔偿，凯利使出了各种花招。甚至有一次出庭时，他竟然带着一条狗。陪审员都惊异地看着这只口水直流的狗，大惑不解。

当引起足够的注意之后，凯利开腔了：

"先生们，你们可能会觉得奇怪，甚至不理解我为什么把一条狗带上法庭。我可以告诉你们，今天审理的就是关于计算机的案子，同时也是一宗关于狗的案子。

这条狗名叫斯帕德，原来被西雅图计算机公司老板布洛克先生所养。有一天，一个名叫比尔·盖茨的先生找到布洛克先生。是的，就是这位被告。他声称自己对训狗很在行，肯定能让这条狗成为世界冠军，还许诺到时会分一些奖金给布洛克先生。于是，这条狗被牵走了。不要忘记，这条狗本来就是属于布洛克先生的，正如DOS系统一样。我想，先生们应该明白我的意思了吧。"

几乎所有的人都哄堂大笑。比尔·盖茨也一直面露微笑，没有表现出丝毫的愤怒。

比尔·盖茨的眼睛扫过陪审团的位置，他知道陪审团总共有12位成员，只有10位以上点头，布洛克才能够获得巨额赔款，他要争取将数额降到最低。

于是，比尔·盖茨开始象征性地出价，价格也在不断地上涨。即使是以每小时10万美元的价格上涨，比尔·盖茨仍然不露声色。他知道自己的底价是100万美元，而他也确定布洛克的底价就是100万美元，多了也得不到，就像在法庭上微软的律师对布洛克所说的那样：

"你就算最初赢了，也还是会输在最后。"

对此，布洛克也是心知肚明。

出价还在继续。与此同时，比尔·盖茨回答问题的专业化也让对手律师凯利相当钦佩，尽管他采用律师一贯的手法让比尔·盖茨自己说出拥有巨额的身家，以便让陪审员不断提价，但比尔·盖茨依然镇定自若，表现出极大的涵养，赢得了陪审团的尊重。

一周后，当价格达到92.5万美元之时，布洛克默认点头了，比尔·盖茨微笑着与他握手。法庭最终裁决微软收回布洛克手里的DOS许可权。

退庭后，凯利立即跑到股票交易所，购买了一大笔微软公司的股票。他对朋友说：

"通过这宗案子，我才真正认识了比尔·盖茨！"

（三）

完成了与西雅图计算机公司的官司之后，比尔·盖茨还不能懈怠，他还要应付一个前所未有的对手，就是昔日两个合作伙伴的联盟——IBM公司与苹果公司。

1991年，一向水火不容的IBM与苹果公司为了共同的利益结盟。鉴于最近几年微软公司的崛起，导致这两个计算机巨头的市场份额不断下降，他们决定联合作战。就在1991年的国庆节前夕，两家公司正式签署合作协议。协议期限为7年，规定双方在广泛的领域内共享彼此的技术。

这场结盟仪式也搞得轰轰烈烈，有500多名业内人士应邀出席。除了结盟之外，两家公司还声称将与摩托罗拉公司合作，开发个人计算机RISC芯片，以供IBM和苹果公司的个人计算机使用。这是对微软的全面宣战。这场结盟也被业内人士称为"反微软联盟"。

随后没多久，IBM公司和苹果公司又注册了两个联营公司。其中一个公司取名塔利根特（Taligent），它的使命是以苹果公司以前开发的平克（Pink）项目作为基础，研制出更为先进的操作系统；另一个公司起名卡雷达（Kaleida），它的任务则是研制一种个人多媒体计算机，把声像、文本、影像融为一体。

两个公司这一轰轰烈烈的举动立即引起了新闻媒体的关注。一时间，几乎所有人的目光都集中在微软这位年轻总裁的身上。

比尔·盖茨依然态度温和，淡淡微笑。在一次业务研讨会上，当被问及他的感受时，他甚至说：

"对于整个产业来说，苹果与IBM结盟可以说是一件好事，甚至是很好的事情。因为我们这个行业需要更多的合作，以便创造更好的成果。"

"那么你不怕他们的结盟会对微软公司造成影响吗？"

面对紧追不舍的新闻记者，比尔·盖茨狡黠地回答道：

"它们合二为一，我们因此少了一个竞争对手，何乐而不为呢？"

话虽如此，比尔·盖茨并没有掉以轻心，这两家公司的所有动作都在他的掌握之中。而微软也在加紧研发新的软件，并进军信息高速公路。比尔·盖茨知道，要赢得对手，只能拿出更过硬的产品，其他一切都是噱头，不值得一提。他鼓励微软团队加紧研发的步伐，针对IBM的新产品以相应的同类产品应对挑战。

另一方面，IBM公司和苹果公司的联盟也并非毫无保留。因此，两家公司虽然注册了两个联营公司，企图研发出更先进的操作系统，并在多媒体上一展拳脚，但仍然互相提防，不能全力应战。

1995年，苹果公司对微软公司的诉讼虽然仍在继续，但在商言商的比尔·盖茨和史蒂夫·乔布斯仍然照做生意。比尔·盖茨甚至还劝服苹果公司将新开发的机子采用微软的NT系统。

苹果的诉讼也在这一年有了结果，最终微软取得了完胜。但没有谁是市场的常胜将军，微软与苹果的合作与纷争仍在继续。

1997年10月，业内的市场争夺居然打到了业外，美国司法部开始着手调查微软公司的垄断企图。而且，新的指控仍在继续，司法部指控微软公司将浏览器绑定在操作系统上销售，对其他同类产品进入市场造成危害，这也是一种垄断行为。

司法部甚至联合了20个州提交对微软的指控，内容几乎涉及到微软的所有产品，但证据却十分单薄。诉讼使微软不能继续开发被指控的产品，比尔·盖茨十分恼火，他代表微软公司斥责法庭试图妨碍其开发新产品，司法部则因此指控比尔·盖茨藐视法庭。

（四）

矛盾升级到白热化的地步，关于微软的官司进展几乎天天见诸于报端，大家觉得事态严重，应该改变策略。于是，比尔·盖茨的律师团智囊之一布拉德福德·史密斯提出了一个可行性方案。

史密斯十分形象地用一张PPT说明了自己的观点：现在是谋求和平的

时候，微软应该改变自己的法律策略和商业行为，以改善与当局和对手公司的关系。

这句话打动了比尔·盖茨。随后，盖茨任命布拉德福德·史密斯为微软公司的全权法律代表。

从2000年开始，微软便以全新的姿态站在了法庭上。它提倡加强和对手公司的合作，共谋天下。自此，微软公司的官司也迎来了自己的双赢时代。

从2000年至2005年，微软共解决了24起诉讼案，为此支付了大约50亿美元的赔偿费用，赔偿的对象包括司法部、美国在线华纳公司、Sun电子计算机公司等。

但微软这种破财免灾的新策略使公司赢得了良好的口碑，并且缓和了与司法部的关系，与各竞争对手也开始融洽相处。法庭上唇枪舌剑，法庭下握手言和的画面时时出现。

合作也为微软公司带来了更多的机遇。2010年，英特尔公司、微软公司和NEC公司三家公司形成战略合作关系，为全球市场提供集成数字标牌产品。这样一来，英特尔公司也可以有实力与自己的对手AMD抗衡。

随后，微软还和新的合作伙伴索尼公司、摩托罗拉公司合作，共同挑战数字音乐领域的明星——苹果公司。

越来越深入的合作，让微软公司赢得了新的竞争领域。

微软的领袖比尔·盖茨也越来越成熟。不知从何时开始，他已经从那个意气风发的少年成长为而今谈吐得体、谦虚有礼且温文尔雅的比尔·盖茨了。

在与人交谈时，盖茨依然会微微前倾身体，用充满力度的手势配上平和的语调讲述他的见解。他越来越会运用他的招牌式微笑感染所有的人。

比尔·盖茨的这些转变也让微软用更加平和的姿态化解昔日的敌人，并用这样的方式为公司"招来"了众多的合作伙伴，从而促进了双方的共赢。握手言和让微软的事业腾飞，也让微软的领域更加扩大。这接连不断的诉讼不但没有将微软公司击倒，反而让公司资产获得了越来越稳固的增长。

2002年6月截止的上个财年，微软公司总收入达283.7亿美元，有78个国家和地区的业务范围，员工遍布全球，其总数超过5万人。截止于2008年，微软公司收入近620亿美元，在78个国家与地区的雇员总数超过了9.1万人。

比尔·盖茨一手缔造的微软帝国已经问鼎世界。

比尔·盖茨是世界富翁，然而让人意想不到的是，这位世界首富没有自己的私人司机，公务旅行不坐飞机头等舱却坐经济舱，衣着也不讲究名牌。更让人不可思议的是，他还对打折商品感兴趣，不愿为泊车多花几美元……生活中的比尔·盖茨从不用钱来摆阔。

第十九章　功成身退

　　没有谁能够对未来了如指掌。未来不是靠算命先生那张嘴说出来的，而是靠你创造出来的。许多人已经致力于创造美好的未来了。

——比尔·盖茨

（一）

　　1999年，微软公司按照比尔·盖茨的设想正在一步步地发展壮大，而比尔·盖茨也逐渐意识到该培养一位接班人了。他选择了昔日的同窗鲍尔默，这个他最信赖的亲密战友。

　　史蒂夫·鲍尔默同比尔·盖茨一样，对微软充满了感情。他和比尔·盖茨一起看着微软一步步发展壮大，最终成长为一个全球的巨人。比尔·盖茨相信他是最合适的人选。如果没有鲍尔默，他知道自己不会放手。

　　当比尔·盖茨推心置腹地跟这位老友说出自己的想法时，鲍尔默答应再一次接下重任，正如多年以前他答应帮助比尔·盖茨来到微软一样。

　　"从此之后，微软就交给你了，老伙计！"

　　"放心吧，我会做得更好！"鲍尔默信心满满地握着比尔·盖茨的手说。

　　比尔·盖茨知道，隐退不是一朝一夕的事，他打算一步一步来。2000

年，他首先宣布辞去微软CEO，由他的老搭档鲍尔默担任该职位。自己与鲍尔默进行了角色互换，盖茨不再是微软的决策者，而是首席软件设计师。他只是从旁边协助鲍尔默，提供意见和建议。

但是，这样的转变让好胜心强的比尔·盖茨适应了好长一段时间。而鲍尔默也同样苦不堪言，因为他老是不能施展拳脚。在最困难的时候，他甚至想过放弃。

幸好有梅琳达的劝解和支持，比尔·盖茨才渐渐适应自己在微软的新角色。她告诉比尔·盖茨说：

"你必须放手，否则你会失去一个好朋友。"

一句话点醒了比尔·盖茨，此后他时刻提醒自己，他应该适应起自己的新角色。

从2000年开始，比尔·盖茨都在寻求一个恰当的时机离开微软。25年来，他眼看着微软逐渐成熟，并帮助自己实现了多年前梦寐以求的愿望。他深知自己必须放手，从而让更多的后辈去实现他们的软件梦想。

从1994年母亲玛丽去世之后，比尔·盖茨就体会到了人生的无常，很多梦想都来不及实现，人生之路也许就猝然停止了。而多年前的一次偶然发现也让他找到除了软件之外的另一番风景，他要开始这一段不同寻常的人生之旅。那就是从事慈善事业，让世界变得越来越好。

这样的想法并不是心血来潮，比尔·盖茨从来都不是一个心血来潮的人。那是1993年秋季的一天，当比尔·盖茨一如既往地坐在计算机前奋力工作时，父亲老盖茨将一张纸递给比尔·盖茨。

这是一份统计数字，数字显示：每年因为贫困，非洲有数十万的儿童死于疾病传染。

这个统计数字让比尔·盖茨感到震惊，因为这些疾病在美国已经绝迹多年了。

"到非洲去看看吧。"老盖茨丢下这句话后，走出了儿子的办公室。

几个月后，比尔·盖茨和梅琳达连同父亲一起来到非洲。身临其境的感觉让比尔·盖茨心灵震颤。盖茨转过头问父亲：

"我们能做些什么呢？"

"应该建立一个基金会，开展慈善工作。"老盖茨平静地回答。

比尔·盖茨欣然应允。不久后，他便建立了9400万美元的基金会。这个小小的幼苗在比尔·盖茨的心里种下种子，如同当年的那台电传打字机一样。

2000年1月，比尔·盖茨将父亲创办的盖茨学习基金会和威廉·盖茨基金会合并。合并后的基金会总部位于西雅图，由比尔·盖茨的父亲老盖茨及父亲的朋友帕蒂·斯通斯福主持，新的基金会也改名为"比尔及梅琳达·盖茨基金会"。

另外，比尔·盖茨还将个人资产约300亿美元投入到基金会中，使它成为世界上最大的慈善基金会。合并后的基金会功能也做了进一步的延伸，除了致力于建立公共图书馆之外，还注重改善全球卫生保健状况等。

（二）

经过几年的历练，鲍尔默的管理策略越来越深入人心，比尔·盖茨十分欣慰地逐渐加快了自己的退休步伐。

2005年11月，比尔·盖茨在伦敦庆祝自己的50岁生日时，对在场的记者表示，自己名下的巨额财富对他个人而言不仅是巨大的权利，也是巨大的义务，他准备把这些财富全部捐献给社会，而不会作为遗产留给自己的子女。他宣称，自己要将巨额财富的98%投入到慈善事业当中。

比尔·盖茨的这一举动再次轰动了全世界。

2006年6月，盖茨对外宣布：两年后，自己将退出微软的日常管理工作。

"我相信微软将会顺利地完成过渡工作。"

微软公司的成熟架构已经使比尔·盖茨可以安心地离开了。

2008年6月12日，比尔·盖茨选择在这一天辞去在微软所担任的全职工作，功成身退，只担任名义上的董事长和顾问。

新闻媒体全程报道了比尔·盖茨在微软最后一天的工作，而比尔·盖茨也用一个幽默的短片向世人对他退休后的工作的诸多揣测做了十分有趣的回应：他没有加入乐队，也没有去拍电影，更没有去竞选总统，而是抛开一切的世事纷扰，将80%的时间留给慈善基金会。

对于比尔·盖茨来说，与妻子梅琳达和父亲一起工作，这一选择让他感到十分自在而舒服。

早在基金会成立之初，比尔·盖茨就开始陆续捐款。在工作间隙，比尔·盖茨与梅琳达多次进入非洲，到多家医院进行参观访问，与医护人员及艾滋病、癌症、疟疾等重症患者亲切交谈，并与当地政府寻求最好的合作意向。

2004年7月，比尔·盖茨又将30亿美元的微软股票红利投入到"比尔及梅琳达·盖茨基金会"中。随后不久，比尔·盖茨又将自己300亿美元财产全数捐给名下的慈善基金，只留给子女3000万美元的教育基金。

面对公众的疑问，比尔·盖茨十分平静地说：

"我和妻子希望以最能够产生正面影响的方法来回馈社会。"

因为盖茨认为，"带着巨额财富死去是一种耻辱"。具有同样感觉的，还有比尔·盖茨的好友沃伦·巴菲特。

2006年6月26日，沃伦·巴菲特以股票的形式向"比尔及梅琳达·盖茨基金会"捐款300亿美元。这笔捐赠让盖茨基金会的资产也增加到了600亿美元，全球慈善业中的"巨无霸"就此诞生了。

沃伦·巴菲特是全球著名的投资商。1991年，他与比尔·盖茨相识于西雅图的一次私人聚会上。两人惺惺相惜，并很快就成了无话不谈的好朋友。他们都喜欢谈论世界，谈论做生意，并一起打桥牌，打高尔夫球，在一起做很多充满乐趣的事情。

巴菲特与比尔·盖茨一起常年占据着福布斯排行榜的前两位。在比尔·盖茨运营基金的时候，巴菲特正在考虑如何让自己的巨额财富回报社会。

几年以后，当巴菲特看到比尔·盖茨经营慈善也很在行，而且"比尔及梅琳达·盖茨基金会"运转得这么好，遂决定将自己的钱交给比尔·盖茨的慈善基金会管理。

这让盖茨感到很意外，但这种莫大的信任也让他分外高兴。

"有了这么多资金，我们就可以放开手脚做更多的事了。"

就这样，世界上两个最富有的人保持着对生命、健康，以及对世界持有的相同理念走到了一起。

（三）

比尔·盖茨一直都觉得，"每一个资产超过100万美元的人都有回报社会的责任"。因此，他身体力行，以回馈社会为己任。

但同时盖茨也知道，自己的目标太大。仅仅靠一个基金会的努力，要实现那个宏伟的目标是不可能的。在所有要做的工作当中，基金会仅仅能做到很少的一部分，而那些富有的国家，包括美国、欧洲以及发展中国家的政府，他们能做更多的事情。因此，他更加致力于与政府之间的合作。

除了致力于合作，基金会自身的运作也是一个重要问题，尽管它比微软小得多。在基金会中，比尔·盖茨体会到了另一种成就感。能同一群既充满工作热情又抱有一颗善心的优秀同伴们一起工作，让他感觉十分荣幸。

2008年，全球爆发金融危机，基金会也受到了严重冲击。为了确保资产不会大幅缩水，基金会还致力于投资一些项目。

当然，并不是每一个富豪都有慈善之心。对于比尔·盖茨热心慈善事业的义举，有的美国人曾这样评价：

"他将让那些醉心于购买飞机、游艇、豪宅供个人享乐的暴发户们汗颜。"

而巴菲特在签署捐款意向书时也说，他希望自己的举动能够带动更多的富豪为慈善事业慷慨捐献。

到目前为止，"比尔与梅林达·盖茨基金会"的资助对象主要包括四个领域：

第一是改善全球健康状况，着手研究艾滋病、疟疾、肺结核、癌症等疾病的治疗途径，尤其是向非洲、亚洲等发展中国家大力捐资。

第二是加大教育投资，创建更多的面向低收入阶层子弟的中学，并减少因经济问题而上不起学的现象。

第三是促进信息业的发展，尤其是着力扩大互联网的普及，让所有的人，不分种族、性别、年龄或贫富，都能拥有获得信息技术的途径。

第四是改善美国太平洋西北地区的现状。那里是盖茨的老家，他自然会特别关照，基金会将向当地社区和贫困家庭提供多种形式的捐助。

而今，比尔·盖茨正为慈善事业奔走于世界各地。他心中的目标是致力于与政府合作，开展项目研究，从而加速医疗、教育的步伐，并减少贫穷现象。盖茨讲求实际的个性也体现在基金会的工作当中，他将非洲儿童患疟疾的人数，以及每年因缺乏特效药而患结核病死亡的数字等，都牢牢地记在心里。

2007年，比尔·盖茨开始关注占世界人口五分之一的中国，并在中国设立了专门的办公室——一座十分不起眼的三层小楼。这充分体现了比尔·盖茨行事低调的作风。

盖茨致力于同各国政府展开对话，并竭力成为合作伙伴，签署备忘录，提供资金援助，与有关部门共同研究疾病的最新治疗方法、新药物及大幅度减少发病率。而今，越来越大的成效性让他对此项工作乐此不疲。

面对媒体，十分喜爱这个新身份的比尔·盖茨如是说：

"而今，我们致力于使每年死于疟疾的人数由2000万减少到1000万，这是一个巨大的改变。当然，如果能减少到零是我们最希望的。因此，我们还需要更加努力！"

1994年，盖茨与梅琳达结婚，婚后生活十分幸福。梅琳达与盖茨的很多想法都不谋而合，两人的兴趣也十分相似，他们甚至喜欢读同一本书，以至于后来他们的家庭图书馆在订购图书时每种书都订两本。

第二十章　简约生活

在你出生之前，你的父母并非像他们现在这样乏味。他们变成今天这个样子，是因为这些年来他们一直在为你付账单，给你洗衣服，听你大谈你是如何的酷。所以，如果你想消灭你父母那一辈中的"寄生虫"来拯救雨林的话，还是先去清除你房间衣柜里的虫子吧。

——比尔·盖茨

（一）

认识比尔·盖茨的人都承认，他是一个十足的现实主义者。尽管坐拥亿万财富，但他仍然秉持着一贯的理念：将钱用在刀刃上，从来不浪费每一分钱。

因此，比尔·盖茨把慈善事业也看成是一种投资，希望付出终有回报。同其他企业家一样，比尔·盖茨也在进行着分散风险的投资。除了拥有股票与债券外，他还进行房地产及其他行业的投资。他知道自己的精力有限，为此还专门聘请了一位"金管家"——小他十多岁的劳森，来帮助管理自己50亿美元的私人投资及相关慈善基金会的资金。

比尔·盖茨虽然富可敌国，但他为人谦虚谨慎，从来不摆阔，只是尽自己所能地过最普通的生活。他曾多次强调：

"如果你已经习惯了过分享受，你将不能再像普通人那样生活。而我希望自己能过普通人的生活。"

比尔·盖茨也将这种理念贯穿于日常生活的方方面面。多年前，在他成为千万富翁之后，他还一直租住在离公司不远的一所公寓里。

有一次，朋友造访时发现盖茨的住所简直节俭到令人发指的地步：不但没有电视机，就连必要的生活家具也没有，只有一张孤零零的床和一个书桌。

除了对生活用品不追求之外，比尔·盖茨对饮食也没有什么讲究。常年高效率的工作使他更喜欢吃汉堡，这个美味而快捷的食物省去了他不少宝贵的时间，因而也成为陪伴他工作的最佳搭档。比尔·盖茨曾这样告诉朋友：

"汉堡不但味道好，而且简便、卫生。"

对于比尔·盖茨来说，除非会见客人的需要，否则他不会独自去高级餐厅吃一顿大餐。只要可以选择，他都会去吃肯德基，或是到一些咖啡馆就餐。他的这种十分平民的作风常常被讲究生活品质的乔布斯嘲笑。

但盖茨并不以此为意。有一次，比尔·盖茨和朋友前往希尔顿饭店开会。因为路上堵车，他们迟到了几分钟，普通停车位已经满了，朋友便建议盖茨将车停放在饭店的贵宾车位，但比尔·盖茨不同意，认为这是十分不划算的，因为贵宾车位需要多付12美元。

朋友极力劝说，并声称自己来付这个车位钱，但比尔·盖茨仍然不赞成，认为这是超值收费，十分不合理。因此，他要求饭店工作人员为他们选择合适的普通停车位，最后执拗的比尔·盖茨获得了胜利。

在公务旅行时，比尔·盖茨一般也坐经济舱而非头等舱。他平时衣着休闲，不讲究什么派头，只要面料舒适即可。因此，新闻媒体去拍摄他的日常生活时，总会见到一身休闲打扮的比尔·盖茨。

若是出席公众场合，或是会见重要的客人，出于礼貌盖茨也会身着西装，但也不是什么知名品牌，整齐、熨帖是他最实在的标准，万事万物他都喜欢其实用性大于其外在的表现。

在对待孩子的问题上，比尔·盖茨和妻子梅琳达也采用"吝啬"的策略。尽管他们都十分疼爱自己的孩子，但在满足孩子们的一些要求上，他们绝对是一对"吝啬鬼"。

当小儿子罗瑞还不会花钱，但女儿珍妮弗已经可以拿一些零用钱买自己喜欢的东西时，罗瑞总是抱怨父母不给自己买他最想要的玩具车。

比尔·盖茨甚至公开表示过：

"我不会将自己的所有财产都留给自己的继承人，因为这样对他们没有一点儿好处。"

他只给孩子留了固定的教育基金，并没有给他们留下任何可供挥霍的金钱。他宁愿将钱捐献给社会，也不愿多拿一分钱让孩子们去挥霍。

（二）

执掌微软大印多年，比尔·盖茨将这些节俭作风也带到了微软公司。如今，微软已经是一个享誉世界的全球性公司了，如果没去过微软总部，人们一定会认为那里相当豪华气派。

而事实并非如此。微软公司总部坐落在与西雅图相距不远的一个名叫雷德蒙的地方。与其说这是一家公司，不如说这里是一个相当有趣的科技园，这里到处都充满着生机和朝气蓬勃的创业热情。

这座占地1800多亩的园区也像是一所大学校园，楼群被树林、草坪和鲜花包围，翠绿的草木和新鲜的空气与楼群交相辉映。微软园区里的楼群相当低矮，其中三四层的建筑居多，每栋楼房都是白色墙面配上宽大的深绿色玻璃窗，既不破坏环境，又便于采光。这个设计也是比尔·盖茨所强调的。

程序员出身的比尔·盖茨深知，有一间采光良好的工作室是多么重要，因此，建筑设计均为实现这一目标，一幢幢造型怪异的楼房在园区里拔地而起。而这种楼房共有35幢，总建筑面积超过400万平方米，有1.5万间办公室和1.3万个停车位，正好满足每人一间办公室的需求。

除了简朴，比尔·盖茨还将平等的理念贯穿于微软公司的每个角落。就拿微软园区里的停车位来说，微软员工不分职位高低，以先来后到的时间顺序停车。

起初，比尔·盖茨也没有自己专用的车位，直到常常有人在他上下车时拦住他，或者是要钱，或者是要采访他，因此到了1991年，比尔·盖茨才在自己工作的8号楼地下车库里有了一个专用的车位。

这里的员工都没有秘书或私人助理，每个人都自己读电子邮件、接听电话和写备忘录。如果一个工作需要用5个人，微软也只会指派4个，这种极简的作风也使得人力被最大程度地运用。因此，这些人就会集中时间和精力去做那些最重要的工作。

各个研究组的主楼里，门前也是印有微软产品的踏脚石。人性化的设计让来这里工作的人感觉舒适而又毫无铺张可言。微软公司更像是比尔·盖茨的另一个标签：实用而不张扬，专注而不旁视。

微软公司从建立之初就知道自己的优势所在。在比尔·盖茨的领导下，全体同仁将这个优势不断扩大，直至形成今日的软件帝国。至今，公司的主要精力和金钱仍然投入在技术研发上。

据不完全统计：自1990年以来，微软公司在研发上投入了300多亿美元的资金，超过其他最大的五家软件厂商的总和。

从此处也可以看出比尔·盖茨的长远眼光。即使是投资，他也是做长远而有效的战略投资，因为他始终知道自己的命脉在哪里。

除了眼界宽广之外，盖茨还喜欢享受亲自动手的快乐，很多事情他乐于亲力亲为，不假手于人。他从来没有雇过私人司机，年轻时，比尔·盖茨喜欢开快车。有时，他在完成一项软件程序设计后，就会和朋友开着高速轿车风驰电掣地上路，时速高达120迈。年龄稍长后，虽然不开快车了，但他仍然喜欢享受自己驾车的乐趣。

尽管微软的工作静态大于动态，但比尔·盖茨也极具运动天赋。早在十几岁的时候，比尔·盖茨就很喜欢四轮旱冰，而且滑得非常棒。此外，他还擅长跳舞，他早年的女朋友曾盛赞他道：

"他的脚一踏进舞池，整个人就陶醉了。"

在微软公司的紧张工作中，为缓解工作压力，公司每周的星期五晚上都会举行狂欢舞会，比尔·盖茨常常带动大家一起跳舞。

此外，盖茨还喜欢打网球和高尔夫。他的姐姐是西雅图女子网球队的冠军，在姐姐的亲自教授下，比尔·盖茨的网球也打得相当出色。

等到年纪渐长，盖茨开始意识到健康的重要，因此便以基金会的名义与美国国家卫生研究所共同启动了一个名为"全球健康挑战"的运动，旨在召集全球最顶尖的科学家一同研究人类社会所面临的疾病问题。

比尔·盖茨在公开场合常常强调：

"没有任何一件东西比健康更重要，从事医疗保健事业更是如此。计算机技术对我而言是一个非常有吸引力的领域，该领域的发展十分重要，然而与健康相比，财富和高科技都只能名列其后。"

（三）

如果说人生总要张扬一次的话，比尔·盖茨人生中唯一的一次张扬就是他那座举世瞩目的豪华别墅。而这种张扬却又不是普遍意义的奢华：私人游艇、豪华电影院、超大泳池，数不清的房间……

这些大众见怪不怪的通常意义的豪华标志并不是比尔·盖茨所梦想的家，他的梦想之家更像是一个高科技智能家居的模版，或说它更像是一所研究机构，或是一个计算机讨论中心，展示着今天和明天家庭计算机技术之极致。

比尔·盖茨的不同凡响，就在于他总是能用自己别出心裁的理念建构出内心的王国。但是，这个王国也并非一蹴而就。

早在1984年，比尔·盖茨就有了一个大致设想：房间里应该有先进的显示器，可以放映画面、播放音乐，并且整个家庭设备和装置可以在一台电脑上一览无遗。那时，他正停留在对信息科技的狂热追求上。而他也一直忙于工作，家中的女主人也没有人选，他的这一梦想只停留在想象阶段。

那时盖茨的现实之屋跟大多数人并没有太大差别，虽然比尔·盖茨成名较早，但他那时并没有强烈的购置房产的欲望。

直到1983年，比尔·盖茨才有了真正意义上的房子，虽然他那时已经资产过千万，但他一直都不认为一套住房是必需之品，他甚至很喜欢租住在公寓楼里。要不是母亲强烈反对，他仍然会住在那里。

这套房子共花费了近100万美元，是母亲为他精心挑选的。房子坐落在风光秀丽的华盛顿湖滨，离他原来的住处只有一英里。

房子共有3间卧室，并附带有一个小巧的游泳池，从房屋的后面可以远眺华盛顿大学，还可以看到更远处的东南雷尼尔火山。

玛丽用这套房子表明了自己的立场，希望比尔·盖茨早日成家立业。但是，身为母亲的单纯愿望却不被工作缠身的儿子所理解，比尔·盖茨依然奔忙于这个家与办公室之间。此时，他的心中只有工作，无暇思索其他任何事情。挤出时间来布置房子，对比尔·盖茨来说是十分奢侈的。

因此，室内设施也极其简单，甚至可以说是简陋。在屋子中间醒目地摆着一台计算机，生活用品也凌乱而稀少。如果客人来访，甚至没有椅子供人坐。这就是典型的单身汉的家。

比尔·盖茨也很少在家，即使在家，他也把时间都花在这台计算机上。唯一表明这家主人不同凡响之处的就是两张地图。盖茨在自己工作台的上方贴了一张巨大的世界地图，只要抬眼一看，世界就可以尽收眼底。而在他车库的墙上，他也贴了一张详尽的非洲地图。

对此，比尔·盖茨解释说：

"在我的心灵中，还有许多未被使用的波段。只要我的眼睛扫过这些地图，这些波段就可以被使用起来。"

这个形同虚设的家只有在遇到梅琳达之后才具有了实质的意义。母亲玛丽十分喜欢这个儿媳妇。在比尔·盖茨和梅琳达要结婚时，她还十分热情地写信给梅琳达，向她传授自己42年的夫妻相处之道。

从1994年比尔·盖茨与梅琳达结婚之后，他们就一直住在这个房子里。一直到1997年比尔·盖茨的梦想之家落成后，他们才搬离出去。

从与梅琳达正式相恋以来，比尔·盖茨就开始建造自己的梦想之家。这幢房子位于西雅图一座小山上，占地约两公顷，建筑物总面积超过6130平方公里。从1990年开始建造到1997年入住，共花费了6000万美金与无数心血。这座住宅可谓独一无二。

不同于其他富翁的别墅，比尔·盖茨不想如此招摇，也不想招致邻居们的反感。因此，他就让房屋的绝大部分都低于山脊，不显山不露水，保持着他那一贯的低调风格。

从湖面方向看去，这座房子和邻居们的房子不相上下。即使那些高出山脊的部分，也不比相邻的房子高。

这点设计十分出色，也体现了盖茨最大限度的不张扬的个性。但是，这里仍然吸引着全球的目光，成为美国仅次于白宫的最引人注目的名人宅邸。

除了外部的精心设计外，建筑的内部格局也十分有趣。比尔·盖茨用大量的面积修建家庭图书馆，还进一步示范了自己的数字家庭理念，高科技的身影随处可见。

整个建筑根据实用性的不同划分为12个区，通道出口处都装有机关：

来访者通过出口，就会产生其个人信息，包括他的指纹等，这些信息会被作为来访资料储存到计算机中。

整个住宅分为7个睡房、24个浴室、6个厨房和6个火炉，大门上还装有气象情况感知器，可以根据各项气象指标，控制室内的温度和通风的情况等。

对于这所豪宅，比尔·盖茨曾说过：

"我所修建的不仅仅是一个家，还是一个计算机技术讨论中心，要在这里展示家用电脑的最佳水准，我的设施没有脱离这一宗旨。……我希望我的房子与周围环境和将要住进去的人的需要相和谐。尽管我想让它从建筑角度上吸引人，但我更希望它舒适。"

对高科技技术的极致运用使比尔·盖茨的梦想之家别具一格，他用7年时间实现了这个梦想。人的一生会有许多梦想，而今比尔·盖茨只有57岁，他的新工作才刚刚开始，那么就让我们拭目以待，看看比尔·盖茨还将给我们带来怎样的惊喜吧！

→ **1999年，比尔·盖茨撰写了《未来时速》一书，向人们展示了计算机技术是如何以崭新的方式来解决商业问题的。这本书在超过60个国家以25种语言出版，并赢得了广泛的赞誉，被列为美国年度畅销书。**

比尔·盖茨生平及大事年表

1955年10月28日　比尔·盖茨出生于美国西雅图一个富裕的中产阶级家庭里，全名为威廉·亨利·盖茨三世。

1960年　5岁的小盖茨向妈妈提出了一个十分奇怪的问题："你是否尝试过思考？"

1966年　11岁的盖茨在一次课堂比赛上准确无误地背诵下了圣经的著名段落"登山宝训"全文，并赢得了去西雅图的"太空针"高塔餐厅参加免费聚餐的机会。

1967年　被送到湖滨中学学习，成为全校年龄最小的学生。

1968年　结识保罗·艾伦，两人开始通过一本手册自学Basic语言。

1971年　开始在软件设计上崭露头角，并为湖滨中学编辑课程软件。

1973年　以接近满分的成绩考入哈佛大学，但后来学业表现并不太好，经常缺课，将大量时间都用在编程和打牌之中。

1974年　在学校认识了数学系优等生史蒂夫·鲍尔默，两人成为朋友。

1975年　与保罗·艾伦一起为新墨西哥州阿尔伯克基市的微型仪器遥测公司开发完成了Basic程序，获得了18万美元的版权费。同年从哈佛大学退学，与保罗·艾伦注册了名为"微软"的公司。

1977年　微软公司参加了第一届西海岸计算机博览会，比尔·盖茨大开眼界。

1978年　微软当年的年终销售额超过100万美元。

1979年　微软将总部搬迁至华盛顿州的贝尔维尤。

1980年　与计算机产业巨头IBM签署合约，同意为IBM的PC机开发软件。

1981年　IBM开始销售采用MS—DOS1.0系统的PC机。

1982年　在IBM PC投入市场的第一年，MS—DOS被授权给50家硬件厂商使用。

1983年　保罗·艾伦因病辞去微软执行副总裁的职务。同年，微软公司发布微软视窗产品。这一产品在MS—DOS的基础上进行扩展，从而支持图形界面。

1985年　微软成立的第十年，销售额达到1.4亿美元。

1986年　微软以每股21美元的价格上市。

1987年　在微软曼哈顿的发布仪式上，比尔·盖茨邂逅了未来的妻子梅琳达·弗兰奇。

1990年　提出微软管理层的退休时间表。

1993年　美国司法部接替联邦贸易委员会，展开对微软的调查。

1994年　与梅琳达在夏威夷举行婚礼。同年，比尔·盖茨首次登上《连线》杂志封面。母亲玛丽·麦克斯韦尔·盖茨因罹患癌症去世，享年65岁。

1995年　39岁时成为全球首富，财富总额达129亿美元。

1996年　《连线》杂志第二次用比尔·盖茨作为封面人物。同年年底，微软股价达到高点。

1998年　由于微软将IE与Windows捆绑，美国司法部连同20个州的首席检察官联合对微软提起诉讼。

1999年　与妻子梅琳达将威廉·亨利·盖茨基金会改名为"比尔及梅琳达·盖茨基金会"，并将基金会的目标定为减少世界上的不平等现象。

2000年　不再担任微软CEO，将该职位交给史蒂夫·鲍尔默。

2005年 在英国白金汉宫接受英国女王授予的骑士勋章。此前被授勋者还包括鲁迪·朱利安尼和斯皮尔伯格。盖茨随后可以在名字后面加上"KBE"字样。

2006年 宣布将在两年内逐渐退出公司的日常运营。同年，"比尔及梅琳达·盖茨基金会"得到沃伦·巴菲特300多亿美元捐赠，规模扩大一倍，成为世界最大的透明运营的慈善组织。

2007年 《福布斯》杂志再次将比尔·盖茨评为全球最富有的人，这是他连续13年获得这一称号。同年，哈佛大学授予功成名就的比尔·盖茨荣誉学位。时隔32年，比尔·盖茨终于从哈佛大学毕业。

2008年 比尔·盖茨正式退出微软日常工作。

2012年 《福布斯》全球富豪榜发布，比尔·盖茨以610亿美元位列第二。